Christa Meves

Großeltern-ABC

Christa Meves

CHRISTA MEVES

Großeltern-ABC

Was man wissen muss, um mit Kindern und Enkeln glücklich zu werden

CHRISTIANA-VERLAG
im Fe-Medienverlag - Kisslegg-Immenried

Biographische Notizen

*Christa Meves, * 1925, Studium der Germanistik, Geographie und Philosophie an den Universitäten Breslau und Kiel, Staatsexamen in Hamburg, dort zusätzliches Studium der Psychologie, Fachausbildung im Psychotherapeutischen Institut in Hannover und Göttingen. Freipraktizierende Kinder- und Jugendlichenpsychotherapeutin in Uelzen. Seit 2003 Witwe, zwei erwachsene Töchter, sechs Enkel, zwei Urenkel.*

1974 Wilhelm-Bölsche-Medaille, Stuttgart; 1976 Prix AMADE, Monaco; 1978 Niedersächsischer Verdienstorden; 1979 Konrad-Adenauer-Preis der Deutschlandstiftung; 1984 Medal of Merit, Hannover; 1985 Bundesverdienstkreuz erster Klasse; 1995 Preis der Stiftung für Abendländische Besinnung, Zürich; 1996 Preis für Wissenschaftliche Publizistik, Würzburg; 2000 Preis der Vereinigung Bürger fragen Journalisten; 2000 Ehrenmedaille des Bistums Hildesheim; 2001 Deutscher Schulbuchpreis; 2005 Großes Verdienstkreuz des Niedersächsischen Verdienstordens; 2005 Komturkreuz des Gregoriusordens durch Papst Benedikt XVI.; 2007 Preis der Stiftung Ja zum Leben, München. 1987 Konversion zum katholischen Glauben.

113 Buchpublikationen, Gesamtauflage: über 6 Millionen Exemplare in deutscher Sprache.

VIA·VERITAS·VITA

16. Auflage 2023

im Fe-Medienverlag, D-88353 Kisslegg-Immenried

Coverfoto: contrastwerkstatt / fotolia.de
Satz und Layout: Christiana-Verlag, *www.fe-medien.de*

Druck: mcp-druk (Polen)
Printed in EU

ISBN 978-3-7171-1005-7

Angespannt lauschte er auf die kaum hörbaren Atemzüge des Enkels und mit jedem Schritt wuchs in ihm die Erkenntnis, dass er mit seiner Umwelt eine unendliche Einheit bildete. Jetzt musste er nicht mehr raten, er wusste bestimmt, dass die fast vollendete aufsteigende Kreisbahn seines Lebensweges vom nächsten fortgesetzt werden würde, von seinem Enkel. Der kleine Pjotr Wassiljewitsch würde seinen Anteil der Last auf sich nehmen und den vorausbestimmten, Heil bringendenden Weg weiter hinansteigen.
Der Morgen erstrahlte vor Pjotr Wassiljewitsch und beleuchtete die Straße bis zum Horizont. Er schritt auf ihr mit dem Enkel in den Armen. Er ging und wusste. Wusste und glaubte.

Wladimir Maximow, Russischer Dichter

Wer sich seiner eigenen Kindheit nicht mehr deutlich erinnert, ist ein schlechter Erzieher.

Marie von Ebner-Eschenbach (1830–1916),
Aphorismen

Es ist einfacher, eine Nation zu regieren, als vier Kinder zu erziehen.

Winston Churchill (1874–1966),
Englischer Premier-Minister

Inhaltsverzeichnis

Meiner Mutter, der so lieben Großmutter meiner Kinder, der Märchen erzählenden Urgroßmutter meiner Enkel, dankbar zugeeignet

Einführung

In einigen südeuropäischen Ländern, so hat die statistische Wiener Untersuchung STUDIA über die «Familie in Europa» festgestellt, bestehen für eine seelisch stabile Entfaltung der jungen Generation mehr Chancen als bei uns in der Bundesrepublik. Und das liegt u. a. zu einem Teil daran, dass die Kinder dort nicht in der Betreuung ihrer Eltern allein, sondern gleichzeitig in der Obhut der mit unter dem gleichen Dach lebenden Großeltern aufwachsen. Großeltern, so haben die STUDIA-Forscher Fuchs, Gaspari und Millendorfer festgestellt[1], scheinen positiv als Wurzelgrund für die junge Generation zu wirken.

Das leuchtet ein; denn man könnte im Hinblick auf die Lage in den Familien der Bundesrepublik wohl ausrufen: «Wo sind all die Grannys hin, wo sind sie geblieben?» In den selteneren Fällen sind sie tot; im Gegenteil: Die durch eine tüchtige Medizin so weit ins hohe Alter vorgeschobene Lebenserwartung beschenkt immer mehr Enkel mit Großeltern – häufig sogar bis ins eigene Erwachsenenalter mit allen vier Personen. Und dennoch wird ihre direkte Mitwirkung am Aufziehen der Enkel immer geringer. Warum?

Das liegt nicht allein daran, dass die Jungen vom Wohnort der Eltern fortziehen – oft distanzieren sich auch die Großeltern selbst. Vor allem aber sind immer mehr Großmütter heute auch berufstätig. Großvater hat zudem nach seiner Pensionierung eine schöne Rente zu verzehren und ist nicht im Mindesten mehr auf das Altenteilbrot seiner erwachsenen Kinder angewiesen. Zeitunglesen und Fernsehen ist gewiss eine wesentlich beschaulichere Tätigkeit als Kleinkinderhüten, wozu auch die Großväter in der bäuerlichen Großfamilie nur allzu oft mit eingespannt waren.

Müssen wir das beklagen? Sicher bedeutet, so erfahren wir aus den wissenschaftlichen Untersuchungen, das Fehlen von Großeltern für die Enkel einen spürbaren Verlust. Es ist eine großartige Sache, wenn ein Kind Großeltern hat. Denn eines brauchen unsere Kinder im unnatürlichen Leben unserer Zeit dringlicher denn je, wenn sie angstlos aufwachsen sollen: dass sie beschützt und geborgen sind. Und doppelt genäht hält besser – das empfindet schon jedes Kleinkind, das den absichernden Hintergrund liebevoller Großeltern verspürt. Die Ethnologin Margaret Mead schreibt in der beglückenden Erfahrung eigenen Großmutterseins gewissermaßen als Quintessenz ihrer wissenschaftlichen Lebensarbeit:

«Heute ist mir noch viel klarer als damals, als ich von Mundugumor zurückkam, dass eine Gesellschaft, die älteren Menschen jeden sinnvollen Kontakt mit Kindern entzieht, eine Gesellschaft, die irgendeine Gruppe von Männern oder Frauen so isoliert, dass sie weder Kinder haben noch sich um sie kümmern können – dass diese Gesellschaft gefährdet ist. Es ist ungeheuer schwer, Kinder abstrakt zu lieben und sich ausschließlich der nächsten Generation zu widmen. Nur durch die genaue, aufmerksame Kenntnis bestimmter Kinder können wir – und das müssen wir – zu informierten Anwälten der Bedürfnisse aller

Kinder werden und zu leidenschaftlichen Verteidigern des Rechts noch nicht empfangener Kinder auf eine glückliche Geburt.»[2]

Das Großeltern-ABC macht es sich zur Aufgabe, dazu zu ermuntern, den Auftrag in Bezug auf die Enkel mit Freude über seinen guten Sinn gern zu erfüllen. Dann wird es in Zukunft gewiss weniger Chaoten und Terroristen geben, die ihr schutzloses Ausgeliefertsein in der eigenen Kindheit in blanken Hass verwandeln und auf alles und jedes in der Gesellschaft projizieren.

Wenn die Großeltern mit auf dem Posten stehen, haben wir mehr Aussicht, dass es so viele seelisch gesunde, lebenskräftige junge Menschen gibt, dass wir für die künftigen Generationen hoffen dürfen.

A – Abstand

Dieses Großelternalphabet bräuchte nicht geschrieben zu werden, wenn sich in der Praxis nicht immer wieder zeigte, dass es in der Beziehung der Großeltern zu ihren erwachsenen Kindern und Enkeln so häufig tragische Irrtümer, Fehlvorstellungen und Fehleinstellungen gibt, die das Glück der Großelternschaft trüben, ja, es nicht selten in Unglück, Hader, Zerwürfnis und Altersisolation zu verwandeln vermöchten. Großelternschaft gleicht urtümlich herbstlicher Ernte: Die Früchte einer langen, oft harten und entbehrungsreichen Lebenszeit sind herangereift, sind oft beglückende Augenweide, dürfen geschmeckt und eingebracht werden.

Am Beginn der Großelternschaft, anhand der Geburt und der frühen Kinderjahre des ersten Enkels, wird das ganz besonders intensiv erlebt – und ist so berechtigt: Denn die Mühsal des Kinderaufziehens weist in die Zukunft, es findet seine Rechtfertigung besonders dadurch, dass der alternde Mensch an den Enkeln erfahren darf: Ja, es geht weiter! Ja, die Bemühung trägt Frucht, sie setzt sich fort, sie führt zu neuem, gesteigertem Versuch, das Gute, das Rechte, das Bessere zu stärken.

Der Enkel vermittelt den Großeltern neue Daseinsberechtigung, Sinnerfüllung ihres Lebens und steigert damit ihre Lebensfreude. Wo Freude und Dankbarkeit sind, entsteht Eifer, ja unter Umständen sogar Übereifer. Weil das so ist, muss am Anfang eines Alphabets für Großeltern, das ihnen helfen möchte, in den Genuss ihrer Lebensernte zu kommen, das mahnende

Wort stehen: *Abstand* – um Himmelswillen Abstand! Auch Großelternschaft will gelernt sein, auch als Großeltern dürfen wir nicht einfach mit hoher Bugwelle unseren Impulsen nachgeben, sondern uns steht, mehr als anderen Lebensaltern, Bedachtsamkeit an. Ein erster Enkel ist immer auch das erste Kind eines jungen, in Elternschaft unerfahrenen Paares. Dieses Paar ist meist gerade erst selbst herausgewachsen aus der elterlichen Obhut. Es ist gerade erst dabei, seine Eigenständigkeit zu erproben. Der Mensch ist daraufhin angelegt, eine selbständige Personalität zu entwickeln, und das kann er nur, wenn er sich ein wenig abriegelt gegen die, die ihn behüteten und beschützten, solange er unselbständig war. In diesen Prozess hinein gehört ganz entschieden der Aufbau einer eigenen Familie. Deshalb ist es weder Lieblosigkeit noch undankbare Ablehnung, wenn die junge Familie – bei gleichzeitiger Hilfsbedürftigkeit – so etwas wie Reserviertheit gegen den großelterlichen Eifer an den Tag legt.

Hier schon ergeben sich oft Missverständnisse, die ganz unnötig zu Kränkungen und lang anhaltenden Missstimmungen führen können. Das wäre vermeidbar, wenn die Großeltern es sich bewusst zur Aufgabe machen würden, ihren hilfsbereiten Eifer zu zügeln, und wenn sie willens wären, auch das Großelternsein als eine neue und recht angenehme Lernaufgabe zu verstehen.

Die Situation um die Geburt des ersten Enkels sieht oft folgendermaßen aus: Schon als das junge Paar bekannt gab, dass Nachwuchs zu erwarten sei, entwickelten die Großeltern – meist die Großmutter – ihre

Pläne um die Gestaltung der Wochenbettzeit: Während die Tochter oder Schwiegertochter in der Klinik ist, wird Großmutter selbstredend den Haushalt und die Versorgung von Sohn oder Schwiegersohn übernehmen. Kommen Mutter und Kind heim, wird Großmutter die schwache junge Frau noch einige Wochen stützen und die Pflege des Säuglings übernehmen...

Ich möchte vor solchen liebevollen, eifrigen Angeboten nachdrücklich warnen! Bei aller Notwendigkeit der Hilfe erzeugt die Rasanz einer solchen Bemühung besonders bei den Schwiegerkindern – häufig aber auch bei den eigenen, erwachsenen Kindern – Ängste, die diese freilich meist nur als massives Unbehagen erleben, ohne ins Bewusstsein zu bekommen, worum es sich handelt: nämlich um die berechtigte Angst, dass Mutter die Hilfsbedürftigkeit der jungen Familie ausnutzt, sich ihrer aller bemächtigt und sie um ihre Eigenständigkeit bringt. Nicht selten verwandelt sich die unbewusste Angst der Jungen spontan in Aggression, die sich mehr oder minder ungeschickt und die Großeltern vor den Kopf stoßend Luft macht. «Wenn Du meinst, Du kannst Dich bei uns über Wochen einnisten, irrst Du aber», sagt pampig etwa die Tochter. «Ich will mein Kind nach *meinen* Vorstellungen erziehen, nicht nach Deinen, Mutter», kontert abweisend die Schwiegertochter.

Das Herz der wohlmeinenden Großmutter krampft sich zusammen. Je nach Temperament steht sie entweder verärgert auf und verlässt mit den Worten: «Dann eben nicht!» den Raum, oder sie schweigt schmollend. Vielleicht setzt sie sogar zu einer Gegenrede an, in der alle Undankbarkeiten der Vergangenheit mit aufgerechnet werden. Der Großvater – falls vorhanden und bei dem Gespräch anwesend – sieht sich genötigt, sich schützend vor seine Frau zu stellen und sich gegen die undankbare Unangemessenheit besonders von Sohn oder Schwiegersohn zu wenden. Diese, nicht faul, kontern mit Beleidigungen. Der Krach, das Zerwürfnis ist da, bevor der Enkel überhaupt das Licht der Welt erblickt hat. Und dabei beruht der Streit doch nur auf einem allen Beteiligten schadenden Irrtum, einem Fehler des Durchschauens der Zusammenhänge. «Blinder Eifer schadet nur», sagt das Sprichwort zu Recht.

Zum Abstandhalten, zum Erfahrungen sammeln in Großelternschaft gehört eine hellhörige Mitfreude vornehmlich *abwartender* Art. Die werdenden Großeltern haben viel mehr Aussicht, in den vollen Genuss ihres neuen Standes zu kommen, wenn sie sich zunächst zurückhalten und sich anhören, wie sich die Kinder das Leben mit ihrem Sprössling vorstellen.

Nachkommen, die aus dem beglückten Ja-Sagen ihrer Eltern zu der Nachricht, dass sich ein Baby ankündigt, taktvolle, liebende Zuwendung ablesen, werden sich gewiss auch zu Bitten um eine Form der Hilfe entschließen, wie es ihren Vorstellungen entspricht. Vielleicht sind diese ganz anders als die der Großeltern, vielleicht enthalten sie sogar Riesenerwartungen und überfordern die Hilfsmöglichkeiten der Großeltern. Dann müssen sie neu überdacht und besprochen werden.

Auf jeden Fall aber sollten die Großeltern nicht von sich aus die Initiative ergreifen, sondern viel eher durch ihre Haltung eine allgemeine fröhliche Bereitschaft, den neuen Zustand anzunehmen, an den Tag legen. Eingriff wird in der Tat allzu leicht zum entmündigenden Übergriff, und das ist eine Gefahr, der sich die jungen Erwachsenen nun einmal nicht ausliefern dürfen, und die, wenn sie auftaucht, automatisch mit Distanzierung, Abwehr, ja oft mit zu heftiger Aggression beantwortet wird.

Liebevoller Abstand ist deshalb die erste und grundlegende Voraussetzung zur Verwirklichung von glücklicher Großelternschaft.

Das bezieht sich natürlich nicht nur auf die Einstellung am Anfang. Es sollte eine langfristig gepflegte Grundeigenschaft den jungen Familien gegenüber bleiben. Sich in dieser Hinsicht immer wieder an die Kandare zu nehmen, ist um so nötiger, je enger Jung und Alt zusammenwohnen, je mehr Zeit die Alten haben und je lebenskräftiger sie sind.

Großeltern sollten sich darüber im Klaren sein, dass ihr Glück mit den Enkeln davon abhängt, ob sie der Versuchung abschwören, das Sagen haben zu wollen. Großelternsein ist eine schöne Aufgabe, aber sie ist grundsätzlich von der der Elternschaft unterschieden. Sie muss in der Regel (von Ausnahmen soll später die Rede sein) ein Stehen im zweiten Glied bedeuten. Der Übernahme dieses Lebensauftrages sollte ein bewusstes Zurücktreten, ein Überwinden des Impulses, die Sache allein in der eigenen Hand zu haben und zu behalten, vorausgehen.

Es steht den älteren Menschen ohnehin an, sich vom Schauplatz der Aktivitäten mehr und mehr zurückzuziehen. Die abwartende Bereitschaft ist deshalb ein Zeichen gereifter Menschlichkeit, mehr als das bedenkenlose Sich-einspannen-Lassen in den Alltag von Kindern und Enkeln.

Das gilt in allen Einzelheiten: Haben die Kinder um Hilfe in oder nach der Wochenbettzeit gebeten, sollte man nicht nur bei der Versorgung von Sohn oder Schwiegersohn zurückhaltend sein; man sollte zum Beispiel nicht so unreif sein, die Küche auf jeden Fall, mit Tochter oder Schwiegertochter konkurrierend, *besser* machen zu wollen. Man sollte den Enkel nicht mit aufreizendem Dei-Dei-Dei-Geschrei an sich reißen; man sollte auch hier abwartend, dienend im Hintergrund bleiben.

Großmutter kann und darf auf Befragung ihre Erfahrung mit den eigenen Kindern einbringen, aber nicht mit dem Anspruch, dass die Kinder es so machen, wie Mutter es befiehlt oder apodiktisch für richtig hält. Selbst wenn die Großmutter das Gefühl hat, dass es schrecklicher und vielleicht sogar gefährlicher Unsinn ist, was die unerfahrenen Eltern da mit *ihrem* Enkel machen, sollte sie sich nur behutsam, mit viel Takt und Geschicklichkeit äußern. Sie sollte nicht kopfschüttelnd Vorwürfe über so viel Unverstand der Jungen machen, sondern in einer Situation, in der Zeit für Nachdenklichkeit vorhanden ist, eine Anregung zu bedenken geben, statt heftig zu kritisieren, zu verurteilen oder besser zu wissen.

Die Möglichkeit, eine gute Beziehung zu den erwachsenen Kindern zu behalten und eine beglückende Großelternschaft zu erleben, ist viel größer, wenn wir im Hinblick auf unsere Fürsorge beherzigen: die Vorstellungen der Jungen respektieren, statt eingreifen und in die Hand nehmen. *Karl Barth* hat diese Haltung folgendermaßen formuliert:

1. Du sollst Dir klar machen, dass die jüngeren, Dir verwandten Menschen beiderlei Geschlechts ihre Wege nach ihren eigenen Grundsätzen, nicht Deinen Grundsätzen, Ideen und Gelüsten zu gehen, ihre eigenen Erfahrungen zu machen und nach ihrer eigenen – nicht Deiner – Façon selig zu sein und zu werden das Recht haben.

2. Du sollst ihnen weder mit Deinem Vorbild, noch mit Deiner Altersweisheit, noch mit Deiner Zuneigung, noch mit Wohltaten nach Deinem Geschmack zu nahe treten.

3. Du sollst sie in keiner Weise an Deine Person binden und Dir verpflichten wollen.

4. Du sollst Dich weder wundern noch gar ärgern und betrüben, wenn Du merken musst, dass sie öfters keine oder nur wenig Zeit für Dich haben, dass Du sie, so gut Du es mit ihnen meinen magst und so sicher Du Dir Deiner Sache ihnen gegenüber zu sein denkst, gelegentlich störst und langweilst und dass sie unbekümmert an Dir und Deinen Ratschlägen und Wünschen vorbeibrausen.

B – Beistand

Freilich kann das gewiss nicht heißen, dass sich die Großeltern ganz zurückziehen und sich um das Leben und die Nöte ihrer erwachsenen Kinder und Kindeskinder überhaupt nicht mehr kümmern. Das wäre für alle, besonders aber für die Enkel und die Großeltern eine Verhaltensweise, die seelischen Verlust bedeuten würde. Es ist ein großer Gewinn für Enkel, Großeltern zu haben, die ihre Aufgabe in pfleglicher und angemessener Verantwortung ernst nehmen; es ist für die erwachsenen Kinder eine gute Entlastung, um liebevolle, mitdenkende und bereitstehende Eltern zu wissen. Kinder und Enkel brauchen den Beistand der Älteren ganz nötig! Aber dieser Beistand kann erst zu einer befreienden Wirkung kommen, wenn der Abstand als das erste Gebot für Großeltern in deren Bewusstsein ist. Dann freilich können sie als *die* Rückversicherung für Notzeiten aller Art so recht zu einer Erfüllung ihrer Aufgabe kommen.

Der Beistand liebevoller Großeltern wird besonders fruchtbar, wenn er in einem hellhörigen, fragenden Mitdenken besteht. Wäre es vielleicht angebracht, dass die beiden älteren Enkel in die großelterliche Obhut gebracht werden, wenn das dritte Wochenbett bevorsteht? Wäre es vielleicht eine hilfreiche Maßnahme, dass die Großeltern den Enkel, der an einer chronischen Bronchitis leidet, mitnehmen zu ihrem ohnehin geplanten Kuraufenthalt an der Nordsee? Ist es vielleicht eine Hilfe, wenn die Großeltern die schon älteren Kinder hüten, damit das junge Ehepaar gelegentlich auch einmal wegfahren und mit sich selbst allein sein kann? Würde nicht *jetzt* eine finanzielle Unterstützung helfen, eine Wohnung zu finden, die groß genug ist, damit die heranwachsenden Enkel ein eigenes Zimmer haben?

Und auch das viele Mitdenken in Kleinigkeiten kann den jungen Familien verdeutlichen: Wir haben einen Rückhalt, für uns gibt es nicht nur das unpersönliche «soziale Netz» unseres Wohlstandsstaates, sondern wir werden liebevoll gehalten. Eltern bieten den Kindern und Enkeln eine Rückversicherung, eine Auffangmöglichkeit. Diese Basis, die sich in hellhöriger Bereitschaft artikuliert und die ihr Da-Sein signalisiert, ist die beglückende Aufgabe recht vollzogener Großelternschaft.

Dieser Beistand in der Form des Rückhaltes ist geradezu existenziell notwendig. Es gehört zu einem der beunruhigendsten Gedanken junger Mütter, dass sie sterben könnten, bevor die Kinder erwachsen sind. Diese Befürchtung lässt sich ganz zentral durch das Wissen entschärfen: Da sind ja noch die Großeltern, die sich notfalls einsetzen, die Enkel aufnehmen und ins Leben führen würden. Ungezählte Male hat sich diese Vorstellung in der Tat bewahrheitet und ist in schrecklichem Schicksal zur guten, tröstlichen Notlösung geworden:

Kürzlich verunglückte auf der Autobahn ohne Schuld eine Familie mit zwei halbwüchsigen Kindern. Nur die beiden Jüngsten hatte man daheim gelassen. Sie waren die einzigen Überlebenden. Aber sie hatten Großeltern, die die Enkel noch vor Einbruch der Nacht nach dem Schicksalsschlag für dauernd bei sich aufnahmen.

Der Rückhalt durch liebevolle Großeltern ist also von großer beruhigender Wichtigkeit. Junge Ehepaare neigen heute gelegentlich dazu, unter dem Einfluss von Ideologien, die nach der Abschaffung der Familie trachten, den Wert Rückhalt gebender Großeltern zu unterschätzen. Neulich berichtete mir eine großmütterliche Witwe weinend, dass ihre verheirateten Kinder ihr bedeutet hätten, dass sie keinen Wert darauf legten, sie als Großmutter für den gerade geborenen Enkel in Anspruch zu nehmen. Eine solche Brüskierung der Großmutter ist im Grunde töricht. Sie unterschätzt den Wert der Dienstbereitschaft und Mitverantwortung aus Liebe. Eine Bemühung um Entlastung der Menschen, ein soziales Motiv ist in solchen Parolen in Wirklichkeit nicht enthalten.

Junge Eltern sollten sich klar machen, wie sehr sie sich mit solchen Widerständen gegen die Großeltern in das eigene Fleisch schneiden. Wenn wirklich zusätzliche Hilfe nötig ist, sind die Enkel oft wesentlich besser bei liebevollen Großeltern untergebracht als in einer unpersönlichen Kindertagesstätte oder in einem Heim, in dem das Kind vor Heimweh krank wird.

Abwehr gegen einen Beistand durch die Großeltern zeigen häufig übrigens nicht nur ideologisierte Jungeltern, sondern manchmal auch Großeltern selbst. Besonders unter den Menschen, die in relativ jungen Jahren zu Großeltern werden, gibt es in jüngster Zeit immer mehr Menschen, die es hart ablehnen, Großelternaufgaben zu übernehmen – einfach aus Egoismus. Sie sind froh, dass sie ihre Kinder groß haben, und sie denken gar nicht daran, sich einspannen zu lassen. Sie wollen nun, nachdem die eigenen Kinder das Elternhaus verlassen haben, frei bleiben, sie wollen ihren Lebensabend genießen. Es gibt Eltern, die in der Flucht vor großelterlichen Aufgaben in einen weit entfernten Ort ziehen, es gibt andere, die hartherzig jede Bitte um Beistand mit einer Ausflucht ablehnen, obgleich die Zeit und die Möglichkeit dazu vorhanden wären.

Aber großelterlicher Egoismus dieser Art bewährt sich im Grunde nicht auf die Dauer. Die Devise «Selber essen macht satt» hat grundsätzlich eine bedenkliche Teufelsklaue: Der Genuss bleibt flach, ist ein Strohfeuer. Jener Genuss, der auf dem Boden der Überwindung selbstischer Bequemlichkeit entsteht, ist größer: Er enthält sinnträchtige Lebensfreude, er setzt positive Auswirkungen mit Langzeitfolge in Gang. Egoismus im Alter ist darüber hinaus eine Verhaltensweise, die der Reife echter Lebenserfahrung nicht mehr entspricht. Egoismus hat einen infantilen Zug, weil er am Lebensanfang vitale Berechtigung hat. Der alte Egoist behindert seinen eigenen Fortschritt zur Reife. Diese negativen Folgen sollten Großeltern bedenken, die den Enkeln ihren Beistand verweigern.

Diese Gefahr besteht besonders in den zahllosen Familien, die durch Scheidung zerbrochen sind. Es besteht dann eine Neigung, die Vergangenheit auszulöschen, der einstigen Familie dadurch den Rücken zu kehren, dass man sich auch für die Enkel nicht mehr verantwortlich fühlt und die Verbindung zu den selbständig gewordenen Kindern möglichst löst. Das ist beklagenswert. Es bedeutet, wie gesagt, eine

Minderung an Kraft und Sicherheit in den jungen Familien, wenn der Rückhalt durch die Großeltern fehlt. Viele geschiedene Ehepaare sehen einige Jahre nach der Scheidung auch ein, dass sie, dem Zeittrend folgend, zu rasch das Handtuch geworfen haben und dass der Verlust der einst heilen Familie eine bedauerliche Glücksminderung darstellt.

Besonders ältere geschiedene Eltern, die das erkennen, sollten nicht darin verharren, diesen Zustand auf dem Boden verleugneter Schuldgefühle festzuschreiben. Sie sollten die Verbindung zu den erwachsenen Kindern suchen, um wenigstens den Enkeln den Rückhalt zu geben, den sie aus tragischen Umständen oder aus Unverstand ihren eigenen Kindern nicht haben geben können. Junge Eltern, die aus Scheidungsehen hervorgingen, sollten sich mühen, die Kränkungen, den Hass, die Parteinahme für den einen oder den anderen nicht lebenslänglich aufrecht zu erhalten, sondern Herz und Haus zu öffnen und ihren geschiedenen Eltern die Gelegenheit zu geben, an den Enkeln das an Bindung, Verlässlichkeit und Treue nachzuholen, was an den eigenen Kindern versäumt wurde.

Das Verwirklichen großelterlichen Beistands scheitert bei jungen Großeltern oft auch daran, dass sie noch beide fest in einen Berufsalltag eingespannt sind. Die emanzipierte Großmutter ist ein neuer Großmuttertyp, der überhaupt erst in der ersten Lernphase steht. Die Witwengroßmutter, die bis ans Ende ihrer Tage die perfekte, unbezahlte Hauswirtschafterin im Joch ihrer erwachsenen Kinder bleibt, stirbt allmählich aus. Die Großmütter heute haben mehr und mehr einen eigenen, sie ausfüllenden Lebensbereich. Als Dauerhilfe kommen sie in immer geringer werdender Zahl in Frage.

Das muss nicht unbedingt negative Auswirkungen haben. Eine Großmutter, die den gesamten Hausstand für Kinder und Eltern übernimmt, kann eine bereits beschriebene Gefahr heraufbeschwören: Durch die Bevormundung wird die Ausreifung der Kinder zu verantwortungsbewussten Eltern behindert, während andererseits für die Großmutter die Last mit den Jahren zu groß wird. Sie ist schließlich keine Mutter mehr! Sie gehörte ins zweite Glied! Die Überforderung macht sie kränklich und unzufrieden. Das Heischen nach Dankbarkeit aber belastet Kinder und Enkel mit Schuldgefühlen – ein Zustand, der auf die Familien lähmende Schatten durch schwelende Disharmonie zu werfen vermag.

Der Typ der emanzipierten Großmutter ist weniger in der Gefahr, sich in negative Entwicklungen dieser Art zu verstricken. Die Grenzen werden durch die eigene Berufstätigkeit gesetzt, die nur im äußersten Notfall preisgegeben werden kann. Aber Beistand kann auch die berufstätige Großmutter leisten: durch Wochenendbesuche, durch abendliche Rat gebende Telefonate, vor allem aber durch finanzielle Unterstützung, über die in einem gesonderten Kapitel ausführlich gesprochen werden soll. Immer wird es für die berufstätigen Großeltern Möglichkeiten geben, mit den Enkeln zusammenzusein – nach Feierabend, zu Ferienbesuchen, im Urlaub, an den Festtagen, bei Familienfeiern. Freilich muss den berufstätigen Großeltern klar sein, dass ihre Pflichten den Enkeln gegenüber bewusst geplant und gepflegt werden müssen, wenn sie nicht im Getriebe der eigenen Beanspruchungen untergehen sollen. Und das wäre ein beklagenswerter Substanzverlust.

Es lohnt, sich den objektiven Wert des aktiven großelterlichen Beistands bewusst zu machen, ihn als eine Bereicherung aller beteiligten Personen zu verstehen und sich zu mühen, ihn zu verwirklichen.

Aber der Beistand der Großeltern für die Familien ihrer Kinder erschöpft sich nicht nur in Aktivitäten nach außen. Der wichtigste Schutz, mit dem sie bis in ihre letzten Lebenstage hinein die erwachsenen Söhne und Töchter, die Enkel und Urenkel beschenken können, ist die tägliche Fürbitte. Sie ist der wichtigste Beistand, der zentrale Beitrag von Großeltern für ihre Familien, der ihrem Stand ganz besonders gemäß ist. Die Jungen sind eingespannt in die tägliche Arbeit, die mit den Pflichten um die Kinder verbunden ist; die Alten haben im Allgemeinen doch mehr abendliche und morgendliche Muße, in der das meditative Element umfänglicher Raum findet. Sie können aus einer sich mehr nach innen wendenden Lebensform auch inniger beten. Die Notwendigkeit eines solchen geistlichen Beistandes der älteren Generation für die jüngere ist in unserem Jahrhundert wenig gesehen worden – sicher sehr zum Schaden der Enkel!

Der Mensch ist nun einmal das frei gelassene Wesen in Gottes Schöpfung. Er ist vom Bösen anfechtbar, er bedarf deshalb der Bitte um Schutz vor den dunklen Mächten durch die himmlischen Mächte. Dieser Schutz aber kann nur durch Gläubige erbetet werden.

Lebenserfahrene, reife Großeltern sind dafür ganz besonders disponiert. Sie können durch das Gebet für ihre Nachkommen häufig mehr tun als durch noch so eifrigen Dienst.

C – Charakteristisches über den Großvater und die Großmutter

Das in den beiden ersten Kapiteln Gesagte könnte u. U. den Eindruck vermitteln, es wäre zulässig, von *den* Großeltern zu sprechen. Davon kann in der bunten Vielfalt unseres Lebens natürlich nicht im Mindesten die Rede sein. Jedes Großelternpaar, jeder einzelne Großvater und jede einzelne Großmutter sind sowohl in ihren Verhaltensweisen als auch in ihren Situationen unterschiedlich, unwiederholbar und infolgedessen nur schwer beschreibbar. Aber es gibt dennoch typische Großelterneigenschaften, ja sogar typische beachtenswerte Unterschiede zwischen Großvater und Großmutter. Um das Familienleben harmonisch zu gestalten, ist es von großem Wert, diese Unterschiede zu sehen und anzuerkennen. Das gilt sowohl für die erwachsenen Kinder als auch für die Großeltern selbst. Die Trends unserer Zeit tun uns Ungutes an, wenn sie uns veranlassen, Unterschiede zu verleugnen.

Großvater und Großmutter sind ältere Menschen. Im Durchschnitt beginnt die Großelternschaft nicht vor dem 40. Lebensjahr und erstreckt sich über die zweite Lebenshälfte. Die modische Gleichheitsideologie möchte diese Gegebenheit herunterspielen, indem sie die Großeltern z. B. anregt, sich von ihren Kindern, Schwiegerkindern und Enkeln mit Vornamen anreden zu lassen. Den wenigsten Menschen ist klar, dass diese Gepflogenheit eine Wahrheit unterlaufen möchte: nämlich den Unterschied zwischen den Personen verschiedener Generationen. Aber die

Großeltern sind ja weder den erwachsenen Kindern noch ihren Enkeln altersgleich, sie sind nicht so jung wie diese! Großeltern, die sich von ihren Enkeln mit «Hermann» und «Inge» anreden lassen, meinen zwar etwas Positives: Sie möchten näher zusammenrücken, sie möchten keinen starren, Abstand gebietenden Wall zwischen sich und den Jüngeren haben. Und dennoch enthält diese Regelung eine Lebenslüge, die Verleugnung einer Vorgegebenheit, und das hat grundsätzlich nicht nur gute Auswirkungen.

Es ist Aufgabe der Älteren, den Jüngeren voranzugehen. Denn der Mensch ist so weitgehend frei, dass er der Nachahmung, des Lernens von den Erfahrenen bedürftig ist. Der Jüngere kann vom Älteren nur lernen, wenn dieser sich ihm 1. liebevoll zuwendet, so dass er Vertrauen fasst, und wenn er ihn 2. als den Vormacher erkennt und anerkennt.

Gleichaltrige sind für Kinder und junge Erwachsene Kumpel und Konkurrenten. Beide Funktionen sind für Großeltern unangemessen. Ziehen sie sich diese Rollenkleider an, so wirkt das im Grunde auf die Enkel befremdlich, ja oft geradezu abstoßend. Die Jungen spüren – meist nicht bewusst, sondern nur mit dumpfem Unbehagen –, dass da irgendetwas Gewolltes, Unechtes im Spiel ist, und wenden sich eher ab als zu. Ehrlich tapfer bekennt Margaret Mead, die bekannte amerikanische Ethnologin, als Großmutter: «Nein, ich gehöre zu meiner eigenen Generation. Nur, weil wir jetzt vielfach dieselben Dinge suchen, gehören wir noch nicht zur selben Generation. Ich kann niemals zu Eurer Generation gehören, genauso wenig, wie Ihr zu meiner.»[3]

Manche Großeltern kommen der ihr Lebensalter verleugnenden Gleichmacherei aber auch deshalb gern entgegen, weil sich etwas in ihnen sträubt, überhaupt ein Großvater oder eine Großmutter zu sein. Der erstgeborene Enkel macht ihnen mit einem Schreck bewusst, dass sie die Lebensmitte überschritten haben, dass sich ihr Dasein einer Wende zuneigt. Sie fürchten, alt zu werden, sie wollen das nicht anerkennen. Aber wie es sich auch verhält: Die Verleugnung von Gegebenheiten, die unabänderlich sind, hat erhebliche Nachteile: Die Ablehnung behindert eine realistische Einstellung auf die Situation, ja, bei so positiven Schicksalszuweisungen wie einer Großelternschaft behindert sie die Möglichkeit, der Aufgabe wahrhaft gerecht zu werden und die ganze Fülle und den Segen zu ernten, der gerade in ihr enthalten ist.

Das Eingeständnis, älter zu sein, enthält die Reife zum freiwilligen Zurücktreten. Das bedeutet zwar, auf Macht zu verzichten, aber wer diesen Akt bewusst bejaht, bekommt sofort ein Geschenk mitgeliefert: Die Befreiung von Last, das erleichternde Gefühl, als Großeltern die minutiöse Verantwortung für die Enkel nicht tragen zu müssen, weil dafür die elterliche Instanz vorhanden ist. Das Annehmen von Großelternschaft bewirkt deshalb auch das Gefühl, entlastet zu sein. Großeltern haben es besser als Eltern: Sie dürfen die Freude an den Enkeln genießen, sie brauchen nicht – jedenfalls nicht im Normalfall, wenn Eltern vorhanden sind – all die kleinen Mühseligkeiten des Alltags zu leisten. Sie haben die Chance, sich von ihren Enkeln zu entfernen, wenn die Situation sie überfordert. Sie müssen nicht eingreifen, entscheiden, wachen, durchhalten. Sie dürfen sich zurückziehen.

Wenn die Eltern anwesend sind, können die Großeltern wiederkommen, nachdem die schwierige Situation – sei es, dass das Baby unablässig schreit, der Siebenjährige eine Fensterscheibe zertrümmert oder der Zweijährige sich die Finger in der Tür eingeklemmt hat oder die Neunjährige von einer Wespe gestochen worden ist – sich wieder beruhigt oder bereinigt hat. Großelternschaft ist eben eigentlich mehr eine sonntägliche, eine feierabendliche Aufgabe. Es ist sicher sehr sinnvoll, wenn Großeltern das im Bewusstsein haben und diese Butterseite ihrer Funktion bewusst erleben, statt die Butter abzukratzen und etwas Alltägliches, Graubrotartiges daraus zu machen. Erleben sich Großeltern nicht nur als die Gesonderten, sondern auch als die Besonderen für ihre Enkel, so wird es diesen als erstrebenswert schön erscheinen, mit den Großeltern zusammenzusein. Wir können nicht nur vom grauen Einerlei unseres Alltags leben, wird brauchen es, uns aus ihm herauszuheben. Enkel, die Großeltern haben, die diesen ihren Auftrag leben, empfinden meist intensiv das Feiertägliche in der Beziehung zu ihnen.

Charakteristisch ist aber nicht nur diese Wesenheit. Charakteristisch ist auch der große Unterschied in der Mentalität eines Großvaters und einer Großmutter. Viele Schwierigkeiten, von denen bisher gesprochen worden ist, betreffen sehr viel häufiger die Großmutter als den Großvater. Die Gefahr, zu eifrig und zu sehr mitmischend einzugreifen, kommt seltener bei ihm vor. Sie ist ein typisches Problem von

Großmüttern. Bei Großvätern ist viel eher einmal zu beobachten, dass sie sich nicht zu viel, sondern zu wenig um ihre Enkel kümmern. Woran liegt das?

Es hat seine Ursache in einem – wie die neuere Forschung weiß – angeborenen Geschlechtsunterschied: Die Mütterlichkeit der Frau hat einen sehr viel triebhaft-drängenderen Charakter. Viele Eigenschaften – größere Hellhörigkeit, größere Geduld, größere Gesprächigkeit, größere Freude am Pflegen – sind bei den Mädchen angelegt und treten schon früh im Kindesalter auf. Sie sind angelegt, um der Mutteraufgabe, einer biologisch so enorm wichtigen Lebensaufgabe, gerecht werden zu können. Dieser Muttertrieb stirbt aber mit dem Erwachsenwerden der Kinder keineswegs ab; im Gegenteil: Dieser Trieb hat durch die Mutterschaft meist Entfaltung und Verwirklichung erfahren. «Und alle Lust will Ewigkeit», so hat uns Nietzsche gelehrt. Dass der Muttertrieb in der *Groß*mutterschaft zum «Großtrieb», zur Übertreibung entarten kann, ist von daher eigentlich sehr verständlich.

Es ist für eine mütterliche Frau nicht selbstverständlich, ein demütiges Ja zu der Tatsache zu sprechen, dass ihr mit dem Klimakterium unaufhebbar bedeutet wird: So, jetzt ist Schluss! «Guter Hoffnung» kannst Du nun nie wieder werden. Das unbeschreibliche Glück, Dein hilfloses Kind pflegen und begleiten zu dürfen, bis es Dir davonläuft – das wirst Du nie wieder haben dürfen, das ist nun endgültig vorbei. – Der mütterlichen Frau ist es nicht selbstverständlich klar, dass hier ein bewusster Verzicht geleistet werden muss. Versäumt sie das aber, so verkehrt sich die ursprünglich so positive Mütterlichkeit ins Negative. Dann tappt sie in die Falle der krallenhaften Großmutterübertreibung. Sie wird zur Hexe, wie sie in den Märchen, besonders in dem von Hänsel und Gretel, dargestellt ist; denn ihre gierige Muttersucht bekommt ein menschenfresserisches Timbre: Sie wird durch Verwöhnung zur «verschlingenden Mutter», die den Enkel gefährdet, in der Unselbständigkeit, in der Bequemlichkeit, in der Verkümmerung festgebannt zu werden.

Ihre eigentliche Wesenheit kann die Großmutter erst entwickeln, wenn sie einen echten Lebensgehorsam lebt – und der hat es auf die Überwindung des Nur-Triebhaften abgesehen. Das Ja zum Aufgeben von Mutterschaft bedeutet für die mütterliche Frau Überwindung, und das heißt bewusster geistiger Verzicht in Übereinstimmung mit der physiologischen Veränderung. Erst aus dieser bewusst vollzogenen und bewusst gelebten Überwindung entsteht der Charakterzug ausgleichender Gelassenheit, welcher die Großeltern zum ruhenden Pol und Mittelpunkt einer Familie machen, den sie so nötig braucht.

Der Großvater hat es meist leichter, eine solche Position zu erreichen, denn er hat von seiner anders gearteten Mann-Natur her viel eher die Möglichkeit, sich in die angemessene Distanz zu stellen. Von seiner Grundposition her ist sie viel eher gegeben; denn mit und ohne Gleichheitsideologie: Das brennende Interesse am Windeln und Putzen, am Tränken, Füttern und Schönmachen geht ihm im Großvaterstatus eher noch mehr ab als im Vatersein. Die Verzückung, die

die Großmutter befällt, wenn sie ihren Enkel umsorgen kann, ist vielen Großvätern mehr oder weniger fremd. Im Gegenteil: Oft sind die Männer als Großväter sogar wesentlich lärmempfindlicher, als sie es früher waren; sie haben bei aller Freude an den Enkeln doch eher das Bedürfnis, sich aus den unmittelbaren Kreisen von deren Aktivitäten abzusondern. Auch die Großväter, die ihre Enkel nachdrücklich und stolz bejahen, können es keineswegs immer in ihrer Nähe aushalten. Und wenn keine Räumlichkeiten vorhanden sind, die nach einer gewissen Zeit der Gemeinsamkeit und Duldung Rückzugsmöglichkeiten bieten, sucht Großvater meist bei fortgesetzter Enkelkonfrontation das Weite. Es ist nötig, dass Mütter und Großmütter diese Haltung nicht als Desinteresse oder gar beleidigt als Affront auffassen. Es ist in den seltensten Fällen so gemeint.

Kinderlärm kann grundsätzlich sehr verschieden erlebt werden; der, den die Enkel machen, ist für Mütter und Großmütter in viel höheren Phonstärken noch angenehme Musik, während Großvaters Ohren schon lange schaudernd leiden. Der Großvater kann deshalb angesichts von vielen gleichzeitig anwesenden Enkeln selten das Eigentliche, das positiv Charakteristische seiner Eigenschaften entwickeln. Das ist viel eher möglich, wenn man einen einzigen Enkel seiner Obhut überlässt. Mit einzelnen Enkeln fühlen sich die Großväter nicht so leicht überfordert und der Enkel hat die Chance, das Juwel Großvater zu entdecken. Großväter sprechen nämlich meist weniger als Großmütter. Sie haben auch weniger Lust am Machen, am Organisieren der täglichen Verrichtungen. Aber sie haben Freude daran, mit dem einen Enkel an der Hand nach draußen zu gehen, ihm die Natur zu zeigen, mit ihm Bilderbücher zu besehen, ihm vom großen Krieg zu erzählen oder von der alten Zeit. Der moderne Großvater fährt gern mit einem Enkel Auto, wandert, rudert, segelt, angelt mit ihm oder sieht mit ihm einen Tierfilm an. Der besinnliche Großvater hat Freude am fragenden Enkelkind. Er ist besonders geeignet für das kluge, das erfahrene Einweisen. Aber er ist dem Enkeltrubel meist abhold.

Es ist wichtig, sich diese Gegebenheit bewusst zu machen, denn erst dann lassen sich die Gelegenheiten für die Zweisamkeit von Großvater und Enkelkind schaffen. In meiner Praxis habe ich die Erfahrung gemacht, dass für viele Menschen die stillen Stunden mit einem Großvater, der für sie Zeit hatte, zu den nachhaltigsten und bedeutsamsten Kindheitserlebnissen gehören. Ein solcher Großvater blieb in ihrer Erinnerung der Repräsentant von Gelassenheit, von selbstverständlicher Schutzbereitschaft, von weiterwirkender Offenheit. Für viele blieb er der Still-Wissende, der ihnen ein Gespür dafür vermittelte, aus einer alten Zeit zu kommen und in eine neue hineinzugehen.

Großvater ist auch der Mahnende, der die höheren Mächte kennt, der die Hand des Enkels in der seinen festhält, weil er sich der Gefahren bewusst ist. Es ist wie bei Prokofjews «Peter und der Wolf»: Der Großvater weiß, dass das Böse lauert und jederzeit einbrechen kann. Er hat Schicksal erfahren. Er vermittelt dem Enkel mit großem Ernst sein Wissen darüber:

über die Größe der Mächte und die eigene Schwäche. Es ist dumm, ohne dieses Wissen ins Leben hineinzustürzen. «Das ist gefährlich», sagt schlicht und bedeutungsvoll der Großvater im Prokofjew-Märchen zu Peter, der sich aus dem schützenden Haus einfach so auf die Spielwiese des Lebens begibt.

Großvater ist ein den Klauen von Tod und Teufel Entkommener. Er sollte sich dessen bewusst sein; denn er hat die Aufgabe, die Mahnung weiterzugeben. In dieser Weise ist der Großvater der Repräsentant von tradierter Erfahrung, der seine Weisheit an den Enkel vermittelt, der hören will. Aber er drängt sich nicht auf und überschätzt seinen Einfluss und seine Einwirkungsmöglichkeit nicht. Und dennoch spürt der Enkel, wenn er seine Hand in die knorrige Altershand des großen Vaters schiebt, gerade durch diese Haltung den Vorgeschmack seines Lebensauftrages in der Mischung von Anforderung und Bergung, die für jeden Enkel einen unschätzbaren Wert darstellt.

Freilich heißt das nicht, dass es wünschenswert ist, die Aufgabenteilung von Großvater und Großmutter starr einzuhalten. Natürlich sind die Grenzen der Betätigungsfelder fließend. Natürlich können sich die Großeltern gegenseitig vertreten, oder, wo einer der beiden nicht mehr existiert, den Part des anderen mit übernehmen.

Es ist auch wichtig, sich bewusst zu machen: Grundsätzlich steht die Großmutter dem Alltag der Enkel näher, bietet deswegen zwar sehr viel mehr Angriffsflächen für Kritik, weil durch die Aufgabenfülle bedingt grundsätzlich mehr Fehler gemacht werden können – wer sich einsetzt, setzt sich eben auch aus –, das heißt aber nicht im Mindesten, dass Großmütterlichkeit in irgendeiner Weise geringer zu schätzen sei als Großväterlichkeit. Das Gegenteil kommt der Wahrheit näher: Der Dienst der Großmutter an den Enkeln ist meist wesentlich umfangreicher und hat dementsprechend tiefen Respekt, ja größte Hochachtung verdient.

Dieses Kapitel darf nicht abgeschlossen werden, ohne darauf hinzuweisen, dass die Kinder unserer Zeit häufig nicht nur Großeltern haben, sondern auch Urgroßeltern. Die Tüchtigkeit der Medizin macht es möglich, dass immer mehr Menschen ein hohes Alter erreichen. Eine erhebliche Zahl der Uralten lebt heute auch noch in den Familien. Die Enkel heute erleben in der mit im Haus lebenden Urgroßmutter viel eher jene Charakteristika, die für die Großmutter früher typisch waren: die alte, schon ein wenig behinderte Frau mit dem Strickstrumpf im Sessel, im besten Fall mit erzählfreudiger Wachheit. In solchen Fällen kann sie der sehr geliebte, stille Mittelpunkt der Familie sein.

Freilich gibt es auch dieses Erleben: dass die Uralten ihre wachsende Altersschwäche nicht heroisch tragen, sondern sie als fortgesetzte Unzufriedenheit auf die Familienmitglieder projizieren. In solchen Fällen erleben die Enkel ihre Urgroßeltern (manchmal auch die Großeltern) als Belastung, unter der die Familie oft über Jahre und Jahrzehnte seufzt.

Es ist dann wichtig, dass Großeltern und Eltern den Kindern deutlich machen, wie schwer es ist, ein hohes Alter zu ertragen, wie leicht und allgemein sich

Schwäche in Aggressivität verwandelt, wie sehr wir an einer solchen harten Pflege lernen können, auch dann noch Liebe und Respekt zu schenken, wenn das Gegenüber nicht mehr in der Lage ist, mit Gegenliebe zu antworten.

Kinder haben eine solche Erziehung zum Respekt vor der Altersschwäche dringend nötig, um Menschenachtung durch das Beispiel ihrer Eltern und Großeltern zu erlernen.

D – Dankbarkeit

In den echten Genuss von Großelternschaft kann man eigentlich nur kommen, wenn man sie nicht als eine Selbstverständlichkeit nimmt, sondern sie dankbereit als Schicksalsglück versteht. Die unmittelbare Frucht der jahrzehntelangen Bemühung um das Aufziehen von Kindern ist das Erleben eines Fortgangs der Familie in eine neue Generation hinein.

Die Gründung einer Familie ist in der jungen Generation schließlich nicht mehr selbstverständlich. Viele der Jüngeren entschließen sich, ein «Single» zu bleiben; manche akzeptieren und verwirklichen zwar eine lockere Paargemeinschaft, aber sie lehnen sowohl die Legalisierung der Beziehung wie eigene Kinder ab. Und eine erhebliche Zahl von Frauen wünscht sich Kinder, aber die Wiege bleibt dennoch leer. Andere geraten als junge Erwachsene ins Schleudern, irren ab oder kommen gar um.

Großelternglück beginnt, seltenes Glück zu werden, denn die Zahl der Geburten ist in Deutschland im vergangenen Jahrzehnt um die Hälfte zurückgegangen. Doppelt intensiv darf die Freude derjenigen sein, die das Schicksal mit Enkeln beschenkt, umso mehr, wenn sie gesund zur Welt kommen und von verantwortungsbewussten Eltern in die Obhut genommen werden.

Das tägliche Dankgebet ist der angemessene Ausdruck dieser Freude, das tägliche Leben einer Haltung, wie Matthias Claudius es uns in seinem Abendlied eines armen Bauern zum Ausdruck bringt: «Nun, Kinder esset, esst mit Freuden, und Gott gesegn' es euch! Sieh, Mond!, ich bin wohl zu beneiden, bin glücklich und bin reich!»[4]

Zu der Dankbarkeit gegen Gott gehört der Dank der Eltern an ihre erwachsenen Kinder. Gerade weil es heute so viel bewusste Verweigerung von Elternschaft gibt, gerade weil viele Menschen sich scheuen, noch die Verantwortung für Kinder auf sich zu nehmen, gerade weil ein junges Elternpaar voraussehen kann, dass es diese Kinder in eine unheimlich gewordene Welt hineinsetzt – besonders deswegen sollte es spüren, wie sehr ihre Eltern bejahend hinter dieser Tapferkeit stehen.

Die jungen Eltern bekommen Kraft, wenn sie spüren, dass ihre eigenen Eltern über die Entwicklung glücklich sind. Sie sind der bejahenden Zustimmung heute dringend bedürftig. Sie müssen erfahren, dass hinter ihnen Menschen stehen, die ihr geduldiges Mühen um die Familie als eine äußerst wertvolle Leistung einschätzen. Besonders die jungen emanzipierten Mütter, für die es nicht selbstverständlich ist, diesen Dienst für die kommende Generation zu tun, sollten von ihren Müttern und Schwiegermüttern seelisch abgestützt werden. Die Decke fällt den Betreuerinnen kleiner Kinder lange nicht so leicht auf den Kopf, wenn sie sich von den Großeltern getragen fühlen, die stolz und froh darüber sind, dass dieser Dienst geschieht.

Informierte Großeltern wissen auch, dass es ein Riesenunterschied ist, ob eine junge Familie ihre Kinder Institutionen mit Fremdbetreuern übergibt, oder ob sie das Opfer aufbringt, ihre Kinder selbst zu erziehen.

Sie wissen, dass sie wesentlich mehr Aussicht haben, an gedeihenden, seelisch gesunden Enkeln auch noch im Jugendalter Freude zu haben, wenn ihre Kinder als Eltern sich so verhalten haben. Dankbarkeit darüber sollte immer einmal ausgesprochen werden: bei einem Besuch, per Brief oder Telefon. Es ist viel erfreulicher und Erfolg versprechender, Kinder und Schwiegerkinder lobend zu bestätigen, als nur dann Stellung zu nehmen, wenn etwas als tadelnswert erscheint.

Dankbare Großeltern haben auch sehr viel mehr berechtigte Aussicht auf dankbare Kinder und Enkel, obgleich sie sich mit leidenschaftlicher Abwehr gegen die Versuchung wehren sollten, von Kindern und Enkeln Dank zu erwarten. Deren zentraler Dank an die Großeltern ist das eigene konstruktive Leben. Die Gaben, die man als Eltern und Großeltern geschenkt hat, den Einsatz, den man geleistet hat, in irgendeiner Weise zurückzuerwarten, verrät eigentlich eine ziemlich selbstische Einstellung. Christen haben nicht den Auftrag, sich gegenseitig zu vereinnahmen, sondern sie verstehen sich als Beauftragte im Dienst für Gott. Erfüllen die Jungen diesen Dienst, indem sie Leben weitertragen und dafür verantwortlich zeichnen, so ist das Dank genug.

Wer sich eine Auffassung dieser Art zu eigen macht, kauert als Großmutter bzw. -vater nicht im Schmollwinkel und zählt nicht versäumte Besuche, fehlende Muttertagsgeschenke und unbeachtete Gedenktage. Er pocht auch nicht auf ein vermeintliches Recht auf Zuwendung, Dankbarkeitsbekundungen oder gar unterwürfigen Anbetungstribut, sondern er legt das ganze Gewicht seiner Beziehung auf die Mitfreude an gelingenden Schritten der jungen Generation in die Zukunft hinein.

Haben Großeltern eine solche Haltung, so trägt das zur Zufriedenheit und Erfüllung ihres Alterslebens in einer entscheidenden Weise bei. Sie können dann die Aufmerksamkeit, das Vertrauen, die Zuwendung von Kindern und Enkeln ganz anders genießen. Sie haben nichts erwartet und sind beglückt und überrascht über das, was dann geschieht. Viele Kinder und Enkel meiden die Großeltern, weil diese die ihnen zu selten scheinenden Besuche oder Anrufe dazu nutzen, den sich Zuwendenden Vorwürfe zu machen, weil sie aufgestaute Enttäuschungen loswerden müssen. Das verprellt die Jungen. Der Gedanke an die Großeltern wird umdüstert und unlustbesetzt. Aus Furcht vor immer neuer Schelte ziehen sie sich mehr und mehr zurück.

Das sind Schwierigkeiten, die ganz unnötig wären, wenn die Alten davon abließen, auf ihre vermeintlichen Ansprüche zu pochen. Das ist lediglich dazu angetan, die Beziehung zu verderben.

Karl Barth rät Großeltern mit Recht: «Du sollst für jeden Beweis von echter Aufmerksamkeit und ernstlichem Vertrauen, der Dir von ihrer (der erwachsenen Kinder, Verf.) Seite widerfahren mag, dankbar sein. Du sollst solche Beweise von ihnen weder erwarten noch gar verlangen.»

E – Einigkeit in der Familie stärken

Dass es nirgendwo so viel Zerstrittenheit gäbe wie in den Familien, ist eine verengte Auslegung der Gegebenheit, dass der Mensch im Verbund grundsätzlich streitanfällig ist. Dennoch kann er ohne Verbund nur sehr schwer existieren. Er ist auf Zusammenschlüsse geradezu angewiesen. Er kann ohne sie physische und psychische Lebensnöte nur schwer, oftmals gar nicht bewältigen. Deshalb ist die Familie zwar ein Ort von Auseinandersetzungen, aber auch des Schutzes. Die Aufgabe, den Zusammenhalt der Familie zu stärken, so dass ihre bergende Funktion zum Tragen kommt, sinnlosen Streit zu vermeiden, ihn zu glätten und zu schlichten, wenn einer entbrannt ist – das ist so recht eine weitere wesentliche Großelternaufgabe.

Selbstverständlich ist das beileibe nicht! Besonders Großmütter können durch Klatsch, durch Weitertragen von beleidigenden Äußerungen tiefe Risse im Familiengefüge hervorrufen, die niemandem dienlich sind. Es ist deshalb sehr wichtig, dass Großeltern ihren Auftrag, die Familie zusammenzuhalten und immer wieder neu einzubinden, statt Gift streuend zu zersetzen, ganz ernst nehmen.

Wir dürfen nicht vergessen, dass in jedem Menschen der infantile, archaische Wunsch lebt, am meisten geliebt zu sein und die Mitbewerber um diesen Platz auszustechen. Meist ist dieser Wunsch bei erwachsenen Geschwistern nur verdeckt, aber dennoch mitnichten überwunden. Oft schwelen die alten Konflikte aus dem Kinderzimmer im Gerangel um das größte Stück der großelterlichen Liebe, auf die Enkel projiziert, weiter.

Welche Enkelkinder werden von den Großeltern bevorzugt? Wo ist ihre größte Sympathie? Der älteste Enkel hat oft einen Bonus, der nur schwer von den Nachgeborenen wieder einzuholen ist. Nicht selten ist das aber das Kind einer Tochter, während in der Rangliste der Eltern einst ein Sohn den ersten Platz einnahm. Töchterkinder rangieren in der Liebe der Großeltern häufig vor den Schwiegertöchterkindern. So haben oft gerade die Angetrauten der heiß geliebten Söhne einen schweren Stand. Ihre den Enkeln angediehenen Erziehungsweisen scheinen den Großeltern oft weniger gekonnt als die der Töchter; jedenfalls geht es besonders im großmütterlichen Gefühlsleben hier oft recht archaisch zu.

An die eine Familie und ihre Nachkommen werden strengere Maßstäbe angelegt als an die andere. An der im Grunde nicht gerechten Beurteilung der Großmutter entbrennen dann manchmal Kämpfe, Antipathien und Animositäten der Schwägerinnen. Die Benachteiligten versuchen sich an den Bevorzugten zu rächen, unbedachte Worte werden hochgespielt und überbewertet und dennoch geht es immer wieder nur um eines: vom Großelternpaar angenommen und geliebt zu sein und nicht gegenüber den anderen zurückgesetzt zu werden. Rangeleien um solche Vorlieben lassen sich im Keim ersticken, wenn die Großeltern diese Gefahr durchschauen und es sich zur Aufgabe machen, Gerechtigkeit walten zu lassen, indem sie sich zum Beispiel gerade besonders um die Kinder derjenigen Schwiegertochter bemühen, die ihnen spontan nicht so sympathisch ist, indem sie also den schwierigen Versuch machen, ihre Liebe gleichmäßig zu verteilen. Zu dieser ausgleichenden Funktion der Großeltern gehört es auch, Zerwürfnisse zwischen den Kindern auszugleichen. Hier hat auch der Großvater eine Aufgabe, bei der er auch ein wenig patriarchalische Festigkeit an den Tag legen darf: «Ihr habt die Pflicht, einander zu lieben.» – «Ich wünsche, dass wir uns zusammenfinden.» – «Ich erwarte von Dir einen versöhnlichen Brief an Deinen Bruder (Deine Schwester, Deinen Schwager, Deine Schwägerin).»

Ohne sich groß einzumischen, sollten die Großeltern nicht gerade eine richterliche, aber eine vermittelnde, eine zusammenführende Rolle spielen und nachdrücklich den Wunsch bekunden, dass von den Streithähnen Vergebungsbereitschaft erhofft wird. Es ist aufbauend, wenn der Großvater (oder auch die Großmutter) in einem solchen vermittelnden Gespräch seine (ihre) (seltene) Einmischung bewusst begründet darstellt: «Es ist von so großem Wert, dass wir als Familie zusammenhalten, und es ist die besondere Aufgabe der Großeltern, dafür zu sorgen, dass sich nicht reparable Risse gar nicht erst ausbilden, sondern so rasch wie möglich geheilt werden. Bitte versucht, diesen Gesichtspunkt ganz ernst zu nehmen und kleine Kränkungen, Eifersüchteleien und Antipathien zugunsten dieser Einsicht zu vergessen, bzw. aufzugeben!»

Von großer Wichtigkeit ist es in diesem Zusammenhang, dass die Großeltern sich chronisch einseitiger Parteinahme für eine der Kinderfamilien enthalten, selbst wenn es eindeutig ist, dass ein Einzelner die alleinige Schuld am Zerwürfnis trägt.

Großeltern sollten es sich zur Aufgabe machen, zukunftsweisend zum Guten zu reden. Es ist wichtig, dass sie selbst verwerfliches Verhalten ihrer Nachkommen nicht dauernd kritisieren und deshalb mit diesen Familien brechen. Die Notwendigkeit, die Gemeinschaft als Familie aufrecht zu erhalten, hat Vorrang und deshalb steht die Vermittlerrolle den Großeltern besonders gut an. Oft ist das durch freundlich mahnende, verstehende und zusammenführende Briefe besser zu erreichen als im mündlichen Gespräch oder am Telefon. Großväter können das besonders gut.

Sie sollten sich bei solchen Vermittlerdiensten um Frieden auch nicht allzu sehr von ihren Frauen bestimmen und sie beim Briefeschreiben über die Schulter gucken lassen. Streitpunkte müssen auch einmal ad acta gelegt und nicht immer neu aufgewärmt werden, wozu Großmütter viel eher eine Neigung haben. Sie können auch, ohne das eigentlich zu beabsichtigen, durch übertriebene und wiederholte Wiedergabe des Geschehenen die Gräben vertiefen, Ablehnung und Streit schüren. Großmütter können unversehens die einen gegen die anderen aufhetzen – und auch in dieser Weise ihren Ehemann stimulieren. Das ist eine gefährliche Eigenschaft!

Im Allgemeinen hat das männliche Geschlecht – so hat eine neuere internationale psychologische Forschung herausgefunden – eine niedrigere Schwelle für Aggressionen als das weibliche.[5] Lediglich im Alter verkehren sich die Verhältnisse gelegentlich:

Die Männer werden konzilianter, die Frauen entwikkeln eine vermehrte Neigung zu Aggressionen. Haben wir Gegebenheiten dieser Art im Bewusstsein, so können wir sie nutzen: die Großmütter, indem sie sich zu zügeln suchen, die Großväter, indem sie ihre zunehmende Ausgeglichenheit einsetzen, um die Einigkeit in ihren Familien nachhaltig zu stärken.

F – Feiern von Familienfesten

Eine Gelegenheit, die Einigkeit der Familie zu stärken und den Verband zu festigen, besteht ganz besonders in den Familienfesten. Sie zu arrangieren, vorzubereiten und evt. auch zu finanzieren ist eine zentrale Großelternaufgabe. Das Fest ist gewissermaßen der Parteitag der Familie. Es bedeutet viel mehr als das Zusammenkommen zu einem steifen Festmahl mit endlosen Gängen. Im Zeitalter der Emanzipation ist es so wichtig, den Wert familiärer Gemeinsamkeit zu erkennen und zu pflegen.

Der runde Geburtstag einer Großmutter, eines Großvaters, 25-, 40-, 50- und 60-jährige Hochzeitsjubiläen, Verlobungen, Hochzeiten von Kindern und Enkeln, Taufen, Konfirmationen, evt. auch Weihnachten, Ostern oder Pfingsten können zum Familienfest ausgebaut werden.

Machen es sich die Großeltern zur Aufgabe, ihre Kinder an einem solchen Tag zusammenzuführen und um sich zu versammeln, so kann davon eine beträchtliche positive Wirkung ausgehen. Freilich ist es nötig, den Sinn dieser Aktion allen ins Bewusstsein zu rufen, am besten im Einladungsbrief oder im Gespräch einige Monate vor dem Ereignis. Den Kindern und Enkeln muss deutlich werden, dass dieses Fest vornehmlich nicht veranstaltet wird, weil die Alten den Anspruch erheben, dass die Jungen ihnen ihre Ehrerbietung erweisen, sondern eben um des Zusammenhaltes willen. Sie müssen erfahren, dass die Eltern Unruhe, Opfer, Ausgaben auf sich nehmen, damit die Familie sich erleben kann.

Freilich bedarf eine solche Zielsetzung, wenn der Sinn erfüllt werden soll, einer umfänglichen Planung. Es ist nicht damit getan, dass die einzelnen Familien womöglich von weither anreisen und die Möglichkeit, Gedanken auszutauschen und Gespräche zu führen durch eine strenge Sitzordnung, durch ein allgemeines Gewoge um die Kleinkinder untergeht. Ein Familienfest mit einer Zielsetzung der eben beschriebenen Art bedarf der Großräumigkeit und einer guten Zeiteinteilung, es muss sehr gut durchgestaltet sein.

Dabei ist es empfehlenswert, bei den Festen um die Großeltern zusätzlich zu den Feiern mit der Umwelt und den Freunden eine Feier allein im Familienkreis anzuschließen. Zum Beispiel bewährt es sich, am Geburtstag, bei der goldenen Hochzeit, an einem anderen großelterlichen Ehrentag zunächst den so genannten gesellschaftlichen Verpflichtungen nachzukommen und den Familientag davon abgetrennt, etwa am folgenden Wochenende, zu gestalten. Den schwächer werdenden Kräften der Großeltern ist das gemäß: Sie können sich von dem sie anstrengenden Ehrentag erholen und mit uneingeschränkter Freude und Zuwendung den Familientag genießen.

Oft ist es auch für erwachsene Kinder, die im Arbeitsprozess stehen, gar nicht möglich und für Mütter mit Säuglingen und Kleinkindern zu strapaziös, am Ehrentag anwesend zu sein. Doppelt wichtig ist es in solchen Fällen, dass eine Nachfeier ausschließlich im Familienkreis stattfindet.

Der Familientag sollte auch nicht starr in den Räumlichkeiten des zu Ehrenden stattfinden; er muss auch nicht ein riesengroßer finanzieller Aufwand sein, der ausschließlich von einer einzelnen Familie getragen wird. Mit einiger Phantasie ist hier so vielerlei machbar: Zum Beispiel, dass sich die Familie an einem landschaftlich schönen Ort trifft, der einigermaßen zentral liegt, so dass der Anfahrtsweg für alle einigermaßen gleich lang ist. Es kann eine schöne Wanderung, die Erkundung eines Waldgebietes, einer Berg- oder Seenlandschaft damit verbunden werden, Wohnwagen, Zelte, Jugendherbergen, ein solides ländliches Gasthaus können in Anspruch genommen werden. Natürlich hat das nicht zu jeder Jahreszeit Sinn. Evt. lässt sich der Familientag auch einige Monate verlegen in eine schöne Jahreszeit hinein.

Die Pfingsttage oder ein Wochenende in den Oktoberferien sind bei einer größeren Familie immer noch am ehesten für ein solches Treffen so zu arrangieren, dass wirklich alle daran beteiligt sein können. Jedenfalls ist es eine Sache, die das Familienleben enorm bereichern kann, wenn sich die Großeltern zu Zugpferden einer solchen familiären Gemeinsamkeit machen.

Es lohnt sich dabei übrigens, vom traditionellen Festessen, das ja lediglich die Kosten und das Körpergewicht unsinnig hochtreibt, abzusehen. Auch ein Picknick, eine Grillmahlzeit, ein rustikales Tellergericht, ein Eintopf, ein Obstgericht, eine schöne Eismahlzeit können, festlich und ein wenig ungewöhnlich hergerichtet, den Magen befriedigen und die Festfreude mit steigern helfen. Wichtig wäre es auch, wenn bei allen der Schornstein nur mäßig raucht, für das Fest zusammenzulegen, bzw. sich gegenseitig, der unterschiedlichen Finanzlage entsprechend, unter die Arme zu greifen. Auch hier ist es am besten, wenn der Großvater dergleichen in weiser Gerechtigkeit in seine Regie nimmt und die vorbereitenden Briefe an die Kinder schreibt. Falls die Großmutter Witwe ist, hat es manchmal Sinn, wenn derlei Bemühungen von einem zum Familienoberhaupt ernannten Mann der jüngeren Generation bewerkstelligt werden. Großmütter sind für finanzielle Regelungen, etwa die Umverteilung der Kosten, oft nicht so gut geeignet wie ihr Ehemann. Umso mehr sind sie geeignet, sich Einzelheiten der Gestaltung und Ausschmückung einfallen zu lassen. Sinnvoll ist es zum Beispiel, bei den großen Familienfesten ein Vorbereitungsteam zu bilden; es ist ideal, wenn sich dieses Team vorher treffen und die Organisation beraten kann. Unter Umständen geht das aber auch per Brief und Telefon.

Die großen, runden Geburtstage der Großeltern sollten unbedingt dafür genutzt werden, Kindern und Enkeln Wissen über das Leben ihrer Vorfahren zu vermitteln. Es ist eine ebenso schöne, festliche, wie wichtige Angelegenheit, wenn eines der erwachsenen Kinder es in die Hand nimmt, die Fotos aus der Kindheit von Großmutter oder Großvater zusammenzustellen und mit einem Projektor an die Wand zu werfen. Dazu können dann vorbereitete Kommentare gegeben werden über das Leben der Familie damals. Die Urgroßeltern sollten auf diese Weise mit ins Bild gerückt werden. Die Großeltern sollten von ihren Eltern und Schwiegereltern erzählen. Wenn sie meinen, dazu ausführlich nicht spontan in der Lage zu sein, so ist es wünschenswert, dass ein des Wortes mächtiges Familienmitglied diesen Festbeitrag mit dem Jubilar vorher ausführlich vorbereitet.

Der das Fest Gestaltende kann die zu Befeiernden befragen, oder sie können angeregt werden, ihre Erinnerungen aufzuschreiben oder vorbereitend auf ein Tonband zu sprechen. Der Chronist stellt seine Informationen dann zu einem Lebensbericht zusammen. Es ist von so großem Wert, dass unsere Kinder erfahren, wie ihre Eltern gelebt und gedacht und wie sie die schrecklichen Zeitläufte dieses Jahrhunderts durchgestanden haben.

Dabei lohnt es sich, nicht nur die sensationellen Berichte um Krieg, Flucht, Krankheit und Tod zu schildern, sondern auch die des täglichen Lebens. Unser Leben hat sich so enorm verändert, dass die Jungen heute keine reale Vorstellung mehr davon haben, wie das Leben in den Familien früher aussah, wie mühsam zum Beispiel ein Haushalt war – zwischen Wasch- und Einmachtagen. Es ist bei den großen Festen um die alten Jubilare auch von größter Wichtigkeit, durch die zusammenfassende Schilderung Achtung und Respekt vor der Mühewaltung, der Verantwortung, der Treue der familienbildenden Voreltern einzuflößen.

Das kann auch dadurch geschehen, dass ein erhalten gebliebener Brief, etwa von der Großmutter als Braut an den Bräutigam, am Tag der goldenen Hochzeit verlesen wird, dass ein mahnender Spruch aus dem Poesiealbum vom Großvater an den Enkel, den jetzigen Großvater gerichtet, ausgegraben und der Festversammlung vorgetragen wird.

Obligatorisch geradezu ist die eine kleine Dankfestrede eines Sohnes oder einer Tochter für die zu ehrenden Alten. Darüber hinaus gibt ein langes Leben ja nicht nur Anlass zum ehrfürchtigen Staunen, sondern auch zur Situationskomik, zum Spaß. Es ist angemessen, Berichte dieser Art mit einem Stück Humor zu würzen. Die Großeltern selbst können vielleicht kleine Anekdoten einflechten, können manchen Schwank aus ihrem Leben erzählen, und es macht gewiss nichts aus, wenn er manchen der Anwesenden bereits bekannt ist, wenn er nur nicht zu langatmig wiederholt wird und eine hübsche Pointe hat.

Nicht vergessen werden dürfen auf solchen Erinnerungsfesten Erlebnisberichte und Charakterschilderungen bereits verstorbener Voreltern. Außer von den Urgroßeltern kann auch von Großtanten und Großonkeln erzählt werden. Dabei ist es für die Enkel wichtig, dass dabei der Akzent mehr auf den Eigenschaften ruhen sollte, die ehrfurchtgebietend sind, als auf denen, die beschämende Schwächen kundtun. Es ist für die jungen Menschen unserer Zeit so bitter nötig, positive Vorbilder zu bekommen. Mit den verachtenswerten Zügen ihrer Umwelt sind sie durch unseren Zeitgeist mehr als es ihnen gut tut ohnehin überschüttet worden.

Es ist bei der Organisation eines solches Familienfestes sehr sinnvoll, dass die ein- bis dreijährigen Kinder während einer solchen Rückschau in einem Nebenraum von einer eigens dafür angeheuerten Betreuerin spielend beschäftigt werden. Es besteht sonst keine Möglichkeit, diesen so wichtigen Teil des

Festes so zu gestalten, dass die bereits aufgeschlossenen Enkeljahrgänge den beabsichtigten Gewinn aus dieser Feierstunde ziehen können. Es ist auch nicht gut, die älteste Enkeltochter für die Beaufsichtigung der Kleinen abzustellen. Gerade für die Halbwüchsigen sind die Informationen aus dem Leben der Großeltern von allergrößter Wichtigkeit.

Die Lebensberichte brauchen natürlich nicht von einem einzelnen Chronisten erstellt zu werden. Die verschiedensten Beiträge, gereimt, gesungen, als Bildergeschichte gestaltet, können den Festvorgang auflockern und verschönern. Die Enkel können auf der Flöte, auf dem Klavier, im Chorgesang auch eigene Leistungsanfänge zur Darstellung bringen. Große Freude für Großeltern sind selbstgemachte und vorgetragene Gedichte und Aufführungen von Enkeln. Im Mittelpunkt aber sollte es stehen, bei dieser Gelegenheit den Kindern ein Gefühl von dem großen Zeitenstrom zu vermitteln, in dem sie als Glied einer Kette in einem persönlichen, verantwortlichen Lebensauftrag stehen. Das, nicht die Ehrung der Alten allein, ist der eigentliche Sinn von Geburtstags- und Hochzeitsjubiläen der Großeltern.

Wichtig ist es dabei freilich auch, dass in den Kindern nicht etwa Stolz und Hochmut gezüchtet werden, dass sich womöglich so etwas einschleicht wie unberechtigte Überheblichkeit, einer so tüchtigen, hochwohlgeborenen Familie anzugehören. Aus der Tönung des Festes muss deutlich werden, dass Eltern und Großeltern ihr Sein und ihr langes Leben als ein Geschenk «ohn' all Verdienst und Würdigkeit» erleben. Wenn diese so wichtige Grundhaltung Ausdruck finden soll, so ist das am ehesten dadurch möglich, dass der Großvater – oder falls es ihn nicht mehr gibt, der älteste Sohn oder Schwiegersohn – eine kleine Begrüßungsansprache hält, in der der Dank an Gott für das Zustandekommen dieses Festtages zum Ausdruck gebracht wird – eine Rede, die mit einem Dankgebet schließt.

Dann ist der Tenor, der Markstein im Leben Familie, festgelegt, und es kann unter diesem Vorzeichen auch vielerlei Ungekonntes, Lustiges, Missglückendes, Unzureichendes, peinlich Beschämendes bis Unangemessenes sich zeigen und artikulieren: Es wird ja maßvoll eingedämmt von der haltenden Hülle, dass wir alle, ob jung oder alt, unvollkommene, fehlbare Menschen sind, deren Denken und Trachten jetzt und für alle Zeit Stückwerk bleibt, die aber im Bemühen um einen guten, großzügigen Geist zusammenstehen.

Wenn eine Familie nicht am gleichen Ort, sondern weit voneinander entfernt wohnt, ist es auch eine gute Sache, unabhängig von den festlichen Gelegenheiten, am besten alljährlich einmal, einen Familientag zu veranstalten. Wenn man nur auf die großen Feste wartet, können manchmal Jahre vergehen, ehe es gelingt, dass der gesamte Familienverband sich einmal wieder trifft.

Dergleichen anzuregen, zu planen und vorzubereiten, kann bis an die Schwelle zum hohen Alter eine besonders wertvolle Aufgabe für Großeltern sein. Geplant werden muss ohnehin langfristig und die Gedankenarbeit um das Fest kann eine herzerfrischende Vorfreude besonders für die Großmutter sein. Es ist ratsam, diesen Familientag unbedingt in die warme Jahreszeit zu legen, ihn gleichzeitig zu einem Sommer-, Garten-, Terrassen- oder Waldfest werden zu lassen.

Die Festlegung des Ortes, die Ausschmückung (Lampions, Kerzen, Blumen, Tischkarten), die Vorsorge für musikalische Unterhaltung, das Bekümmern um einige (neue oder auch alte) Gesellschaftsspiele für Jung und Alt, am besten auch das Bereitstellen von Liedern und Liedtexten machen ein solches Fest überhaupt erst zum Fest. Es ist Stumpfsinn, seiner Familie nichts weiter zu bieten als ein fünfgängiges Mahl und das elende Festklemmen an einem bestimmten Platz an einer nicht enden wollenden Festfresserei. Familienfeste müssen außer dem festlichen gemeinsamen Tafeln die Gelegenheit geben einerseits zu gemeinsamer Aktivität und gleichzeitig auch zum lockeren Gespräch zu Zweit mit dem einen oder anderen Angehörigen.

Familienfeste bedürfen der Organisation und der disziplinierten Mitarbeit der Mitglieder, wenn sie gelingen sollen. Das ist erstens eine Sache der Planung und zweitens eine Sache der Bewusstheit über den Wert, den Sinn und die Notwendigkeit von Familienfesten.

Warnend muss an dieser Stelle noch gesagt werden, dass das Weihnachtsfest sich nur ausnahmsweise eignet, die eben geschilderten Aufgaben zu erfüllen. Im Grunde eignet sich dieses winterliche Fest mehr zum Feiern in der Kleinfamilie. Natürlich ist es sinnreich, eine alleinstehende Großmutter einzubeziehen; aber bereits wenn beide Großmütter oder Großelternpaare der jungen Familie vorhanden sind, kann es zu mancherlei unnötiger Konkurrenz zwischen den Großeltern kommen (siehe Kapitel K). Es ist grundsätzlich gefährlich, sich als Großeltern zu einem Anhängsel der jungen Familien zu machen. Die gedrängte Enge in meist kleinen Wohnungen kann eine überflüssige Nervenbelastung sein.

Für das kleine Kind ist das große Schenkfest im kleinen Rahmen von Eltern und Geschwistern meist angemessener, als eine Feier zusammen mit den Großeltern. Liebevolle Großeltern erkennen das und überbürden die Mütter kleiner Kinder nicht durch aufwändigen weihnachtlichen Besuch. Natürlich ist es möglich, dass die Kinder und Enkel Weihnachten bei den Großeltern feiern; aber auch dieses ist meist nicht ohne Gerangel mit dem Tenor «Deine Familie, meine Familie» möglich. Es bewährt sich, die echten Großelternfeste dem weihnachtlichen Datum fernzuhalten.

Das Kapitel über die Wichtigkeit des Familienfestes als einer zentralen Aufgabe für Großeltern darf aber nicht abgeschlossen werden, ohne jenes Fest zu erwähnen, das (jedenfalls normalerweise) keinen Anlass zur Freude, sondern zur Trauer darstellt: Die Beerdigung. Selten stirbt das Großelternpaar eines natürlichen Todes gemeinsam. In den häufigeren Fällen geht der Tod des Großvaters dem der Großmutter voraus. (Frauen haben eine längere Lebenserwartung, sie werden im Durchschnitt 82 Jahre alt, Männer nur 78; darüber hinaus sind die meisten Frauen einige Jahre jünger als ihre Ehemänner.) Es trifft jedenfalls relativ häufig dieses Ereignis ein, dass der Tod eines

Familienmitgliedes die Gemeinschaft mehr oder weniger unvorhergesehen aus traurigem Anlass zu einem Treffen vereint. Und auch, ja gerade ein solches trauriges Ereignis bedarf der feierlichen Gestaltung. Eine wertbewusste Familie sollte es nicht bei der Trauerfeier in der Friedhofskapelle belassen, sie sollte sich, wenn der Gestorbene womöglich eine weitherum bekannte Persönlichkeit war, auch nicht nur auf die mehr offizielle Nachtrauerfeier beschränken – sie sollte am Abend noch intim als Familienverband zusammenbleiben.

Die Trauerfeier einer christlichen Familie unterscheidet sich dabei von einer ungläubigen. Die christliche Familie darf mitten im Schmerz des Verlustes eine feierliche Freude sichtbar werden lassen, denn sie wird von dem Wissen getragen, dass der Fortgegangene an einem erstrebten Ziel ist. Das sollte in der Familientrauerfeier von Christen ausgesprochen werden, es sollte den Vorrang haben vor aller, im Grunde doch egozentrischen Trauer um den Verlust einer geliebten Person. Weise Großeltern können durch eine solche Einstellung ihren Kindern eine Haltung der Getrostheit vermitteln, die ihnen zur Hochachtung Anlass gibt.

Wie sehr fürchten die erwachsenen Kinder zum Beispiel eine am Sarg ihres Ehemannes elend zusammenbrechende Mutter! Wie oft ist das der Fall, selbst dann, wenn die Ehe keineswegs harmonisch war; wie oft haben die Kinder den mit Recht unbehaglichen Eindruck, dass die Großmutter ihre Witwenschaft geradezu benutzt, um ihr Elend, ihre Hilfsbedürftigkeit so zu betonen, um die Kinder erneut unter ihre

Regie zu nehmen. Es gibt in der Tat alte Menschen, die den Schmerz um den Verlust des Partners geradezu kultivieren, die Wolken der Trauer zu sich herabraffen und sich damit chronisch umhängen.

In diesem Verhalten ist oft, sehr unbewusst, eine Absicht zur Bemächtigung durch ein Betonen von Hilflosigkeit enthalten, die von echtem Christentum weit entfernt ist.

Um unguten Entwicklungen und Versuchungen dieser Art vorzubeugen, ist es in der familiären Trauerfeier nach der Beerdigung von großem Wert, mitten in allem Schmerz auch in Hochachtung von dem Vorangegangenen zu sprechen. Besonders zu dem familiären Fest um einen Verstorbenen gehört die Würdigung seines Lebens und Wirkens: das Herumreichen der künstlerischen Handarbeiten einer verstorbenen Großmutter, der Bastelarbeit, der Liebhabereien, der künstlerischen Produktionen eines gestorbenen Großvaters.

Oft findet ein Fest aus traurigem Anlass übrigens auch statt, weil ein entfernterer Verwandter, etwa ein Geschwister der Großeltern, gestorben ist. Auch ein solches Ereignis kann eine Familie festlich vereinen. Und auch hier sollte gestaltet werden! Man sollte es nicht dabei belassen, nur die letzten Monate, Wochen und Tage eines mehr oder weniger qualvollen Sterbens zum Gegenstand der Gespräche zu machen, sondern man sollte die Versammlung zusammenholen zu einer gemeinsamem Lebenserinnerung der oder des Toten.

Auch die Fernerstehenden, Angeheirateten, vor allem die Enkel sollten nach dieser Trauerfeier ein

Bild vom Leben und Wirken dieses Verwandten bekommen haben.

Auf einer Totenfeier muss der Tote unbedingt im Mittelpunkt stehen! Um derlei Anspruch zu genügen, ist die Vorstellung hilfreich, dass der Tote auf dem Weg ins Totenreich Einblick in seine Beerdigung und die Feiern um ihn hat – nicht nur Einblick in das oberflächliche Benehmen, sondern in die Tiefe der Herzen der Zurückbleibenden. Eine solche Vorstellung kann vor Unangemessenheiten, Egoismen und Heuchelei bewahren.

Zu derlei Unangemessenheiten gehört das Verteilen, ja das Erraffen der Habe des Toten oder gar der Beginn von Erbstreitigkeiten am Tage der Beerdigung. Sie sind dazu angetan, nicht nur das Fest zu zerstören, sondern auch die Familie; und was noch viel schlimmer ist: Erbstreitigkeiten sind zwar menschlich, allzu menschlich, aber sie sind Gift für die Enkel, weil sie Verachtung gegen diejenigen Personen hervorrufen, die doch die Aufgabe haben, ihnen Vorbild zu sein.

G – Geschichten erzählen

Geschichten erzählende Großeltern – sind das nicht nostalgische Relikte aus einer romantischen Vergangenheit, wie der große Maler Ludwig Richter das im 19. Jahrhundert darstellte? Sind Idyllen solcher Art nicht endgültig passé? Sind erzählende Großeltern für die Kinder unserer modernen Welt nicht überhaupt unnötig?

Unsere Zeit stellt nicht nur solche Fragen, sie beantwortet sie häufig auch kurz und bündig mit «ja». Es gibt eine Pädagogik – sie bezeichnet sich als fortschrittlich –, die es als überflüssig und weltfremd erachtet, Kinder noch über irgendetwas zu informieren, was «alt» ist, was von weither kommt. Das Alte erscheint in dieser Lebensvorstellung grundsätzlich als veraltet, als überholt, dem neuen, veränderten, dem ganz anderen Menschen des technischen Zeitalters nicht mehr angemessen. Ja, diese Geistesrichtung erachtet die Übermittlung tradierten Wissensgutes geradezu als eine schädliche Behinderung für die Entwicklung einer neuen Mentalität, die die Menschen zu mechanischen Rädchen einer computerhaft funktionierenden Weltgesellschaft programmieren möchte.

Um zu ergründen, welches Menschenbild den Kindern und ihrer Erziehung besser täte, sollt man, statt sich intellektualistisch die Köpfe heiß zur reden, lieber die Kinder selbst fragen: Dies ist bei den modernen Kinder nämlich noch genauso wie zu Ludwig Richters Zeiten: Sie hören mucksmäuschenstill zu, mit offenen Ohren und offenem Mund, wenn Großmutter oder Großvater spannend erzählen: eine Geschichte von damals, ein Märchen der Gebrüder Grimm, eine biblische Geschichte, ein spannendes Erlebnis aus dem Krieg. Sie sind intensiv dabei, wenn sie seelisch gesund und noch nicht durch Fernsehüberkonsum verdorben sind.

Selma Lagerlöf, die große schwedische Dichterin, beschreibt die Impulse, die sie von ihrer Großmutter bekommen hat und die gewiss eine der Voraussetzungen für ihre eigene Erzählkunst bildeten, folgendermaßen:

«Ich weiß es nicht anders, als dass Großmutter dasaß und erzählte, vom Morgen bis zum Abend, und wir Kinder saßen still neben ihr und hörten zu. Das war ein herrliches Leben. Es gab keine Kinder, denen es so gut ging wie uns. – Ich erinnere mich an den Morgen, an dem das Ecksofa leer stand und es unmöglich war, zu begreifen, wie die Stunden des Tages zu Ende gehen sollten.

Daran erinnere ich mich. Das vergesse ich nie. – Und ich erinnere mich, wie Märchen und Lieder vom Hause wegfuhren, in einen langen, schwarzen Sarg gepackt, und niemals wiederkamen. – Ich erinnere mich, dass etwas aus dem Leben verschwunden war. Es war, als hätte sich die Tür zu einer ganz schönen, verzauberten Welt geschlossen, in der wir früher frei ein- und ausgehen durften. Und nun gab es niemanden mehr, der sich darauf verstand, diese Tür zu öffnen.»[6]

Was fasziniert die Kinder so sehr an den alten Geschichten? Mit Recht hoffen sie unbewusst, dass in den Erzählungen der Alten so etwas ist wie Lebensproviant für ihre Seele. Die kindliche Seele ahnt häufig mehr als wir wissen. Sie hat noch ein Gespür für die Lebenshintergründe und -zusammenhänge. Sie empfindet dumpf, dass das Leben eine Suchwanderung ist, die undurchsichtig, beschwerlich, aber doch zielgerichtet ist. Sie möchte sich auf diese Wanderung vorbereiten wie jeder gute Bergsteiger.

In den Geschichten der Alten, so spüren sie, können verschlüsselt solche Vorbereitungen enthalten sein, die es ihnen später möglich machen, stark genug zu sein, den Stürmen des Lebens, dem Anhauch des Dämonischen, des Bösen standzuhalten und sich auf die Seite des Lichts, des Guten zu stellen. Jeder Mensch, dieser Freigelassene der Natur, wird in seinem Leben einem Kampf mit den Mächten ausgesetzt. Sein Lebensziel besteht darin, ihn zu bestehen. Aber es ist absolut nicht selbstverständlich, dass er dieses Ziel erreicht; dazu bedarf es der Leuchtmarken, der Wegweiser, der Richtschnur, d. h. der Mensch ist, hält man an der Vorstellung fest, dass er als Individuum gemeint ist, auf sittliche Erziehung angewiesen.

Es gehört geradezu zum Zentrum großelterlichen Auftrags, das Fundament dieser auf tradierter Menschenerfahrung beruhenden sittlichen Erziehung durch das Erzählen von Geschichten zu untermauern; denn besonders in den Volksmärchen siegt das Gute, das Treue, das Tapfere, das Redliche, das Opferbereite, das Verschwiegene, das Demütige, das Liebevolle, Aufmerksame, Schlichte, Gottgehorsame, während das Böse, das Gemeine, das Habgierige, Machtanmaßende, Räuberische, Hinterhältige, Niederträchtige, Gewalttätige, Verräterische besiegt wird.

Auf diese Weise werden die Enkel mit einem Kompass beschenkt, der unverzichtbar ist, wenn sie später nicht verloren gehen sollen.

Der besondere Wert des Erzählens solcher Geschichten besteht aber darin, dass das moralische Instrument nicht intellektuell, mit moralisierender Direktheit übermittelt wird, sondern in der Bildersprache des Unbewussten, zu der die Kinder einen unmittelbaren Zugang haben und die sich wesentlich tiefer einstanzt – keineswegs allein in die Sphäre flachen, intellektuellen Wissens, sondern in die Schicht gefühlsmäßig unterscheidenden Geistes. Durch das Erzählen von Geschichten aus der Truhe der Mythen, Sagen, Märchen und biblischen Darstellungen geschieht eine emotionale Prägung mit viel nachhaltigerer Wirkung als durch vermittelten Schulstoff.

Wenn Großeltern sich das klarmachen, werden sie nicht so leicht auf die Idee kommen, die Stunden, in denen die Enkel ihnen anvertraut sind, dadurch fehlzunutzen, dass sie stumpf und ohne auszuwählen das Fernsehprogramm konsumieren. Es wird sie vielmehr ein großer Eifer erfüllen, sich auf ein altersgerechtes Erzählen von Geschichten beim Besuch der Enkel vorzubereiten.

Manche der heutigen Großeltern kennen wohl noch wenigstens einige der bekanntesten Märchen; aber es ist so lohnend, die Weisheitsbücher immer einmal wieder aufzuschlagen, um sich genau an den Text halten zu können. Natürlich ist es auch möglich, die alten Geschichten vorzulesen, aber unmittelbarer wird die Aufmerksamkeit der Enkel geweckt, wenn die Großeltern ihren Text auswendig beherrschen und ihn frei erzählen können. Ist ihnen erst einmal klar, dass es sich dabei nicht einfach nur um ein Ablenkungs- und Unterhaltungsprogramm für die Kleinen handelt, sondern die Alten damit eine so fundamental lebenswichtige Aufgabe an den Jungen erfüllen, wird sich auch ihre Freude und ihre Lust an solchen Tätigkeiten erhöhen.

Auf einmal ist es keine Last, sondern eine spannende Freizeitbeschäftigung für den Großvater, die griechische Mythologie hervorzuholen und sie auf sittliche Nahrung für die neun- bis vierzehnjährigen Enkel abzuklopfen. Auf einmal versteht er erst jetzt, wieviel Lebensweisheit in der Odyssee steckt, auf einmal reizt ihn selbst die tiefe Aussage, die in den griechischen, römischen und deutschen Sagen zu finden ist.

Es ist in der Tat wohl nichts wichtiger, als dass wir unseren Kindern wieder das Wissen der Alten vermitteln über die Gewalt der Mächte, in die wir wie ein Däumling, ein Lilliput oder ein Schneiderlein geraten, und wie die Geisteshaltung beschaffen sein muss, wenn wir Aussicht haben wollen, sie auch nur annähernd zu besiegen. Der selbstherrliche Mensch unserer Tage verhält sich haargenau so wie die eingebildeten, stolzen, scheinbar zunächst erfolgreichen älteren Brüder, die grundsätzlich versagen, wenn's hart auf hart kommt, während doch gerade der Stille, Bescheidene, tief Hellhörige, Schlaue, Tapfere, seiner Hilfsbedürftigkeit Bewusste allein die Chance hat, den Dämonen den Garaus zu machen und die Krone des Lebens (meist in Gestalt einer Hochzeit) davonzutragen.

In unendlichen Variationen schildern die Märchen und Sagen die Verstrickungen des Menschen in seiner Konfrontation mit der Hexe Natur in ihm und um ihn, mit Tod und Teufel draußen und drinnen. Sie wissen um das Ziel: die Königsherrschaft des Geistes und weisen dazu den Weg: die Überwindung des «natürlichen» Menschen durch sittliche Potenz.

Und wieviel zentraler ist das gar erst in den biblischen Geschichten der Fall, durch die die Kinder oft mehr Erkenntnis über das Wesen des Menschen erfahren können als in einem langsemestrigen Studium der modernen Psychologie! Vor allem kranken die großen Geschichten der Überlieferung ja nicht daran, vor lauter Bäumen den Wald nicht mehr zu sehen, d. h. vor lauter Unwesentlichkeiten das Wesentliche zu vergessen.

Immer geht es um unübersehbare Stoppschilder, immer ist der Kern der Botschaft unüberhörbar, z. B. in den Geschichten der Genesis, in der Erschaffung der Welt, die Aussage: «Gott ist der Schöpfer aller Dinge»; beim Sündenfall: «Passt auf! Es gibt böse Verführung, und die Hauptverführung heißt: ‹Sagt Euch doch von Gott los, Ihr könnt sein wie ER!›»; in der Geschichte von Kain und Abel: «Vorsicht, Ihr neigt zum Neid, zum elenden Vergleichen und zum Mord aus Eifersucht. Denkt allein an Euren Auftrag vor Gott, vergleicht Euch nicht. Das macht Euch selbst nur unglücklich»; bei der Sintflut: «Setzt Euch ab, wenn alle Welt selbstherrlich und überheblich wird, bleibt gehorsam, im Aufbauenden, von Eurer persönlichen Haltung hängt der Fortbestand der Schöpfung ab», usw.

Es ist zwar nicht im Mindesten nötig, dass den drei- bis zehnjährigen Enkeln dergleichen Quintessenzen direkt mitgeteilt werden – das ist ihrer Erkenntnisstufe gar nicht angemessen –, aber das Bewusstsein der Erzählenden über den Sinn und den Wert der Geschichten bewirkt, dass sie mit mehr Intensität, mit Eifer und innerer Begeisterung vorgetragen werden. Und eine Übermittlung dieser Art prägt sich dann besonders tief ein. Das Kind wird von der Wahrheit, die die Geschichte enthält, erfasst, ohne dass ihm das rational bewusst wird.

Erzählend kann von christlichen Großeltern auch das entscheidende Fundament in der Erziehung zum Glauben gelegt werden. Wer kindgemäß von der Geburt, den Gefährdungen des Jesuskindes erzählt, wer sich in ausführlicher Wiederholung damit aufhält, Kindern das Leben von Jesus Christus darzustellen, hat die Chance, dass sie zu ahnen beginnen, wie das Zentrum und das Wesen der Liebe beschaffen sind, auf deren Verwirklichung ihr Leben abzielt.

Freilich ist beim Erzählen der Geschichten von Jesus zurückhaltende Behutsamkeit nötig. Die Wahrheit wird hier so unverhüllt ausgesprochen, dass sie für Kinder noch zu schwere Kost sein kann. Es ist unzulässig, Kleinkinder durch massive Beeinflussung in die direkte Nachfolge von Jesus Christus zu zwingen. Das Kind muss zunächst den «natürlichen» Menschen in sich entwickeln, damit es lebensfähig wird. Der Berggipfel Gott kann nicht in einem Sprung erreicht werden, die Suchwanderung mit vielen Umläufen gehört zur Bestimmung des Menschen und die Kindheit dient ihrer Vorbereitung.

Die Wiedergeburt «aus Wasser und Geist» ist deshalb eine Angelegenheit des reifen Erwachsenenalters, nicht der frühen Kinderjahre. Alle große überlieferte Wahrheit ist ohnehin nicht Wiedergabe kindlichen Lebens, sondern spricht vom Lebenskampf erwachsener Menschen. Für Kinder können sie allenfalls in angemessener Form, in angemessener Verhüllung und behutsamem Abstand verdeckte Vorbereitung dafür sein.

Es kostet wenig Anstrengung, die großelterliche Aufgabe der Vermittlung von Lebensproviant durch Erzählen der großen Mythen zu verwirklichen: In fast jeder Kleinstadt gibt es vorzügliche städtische Büchereien mit einer Fülle kindgemäßer Ausgaben. Unsere Kinderbuchliteratur ist voller prächtiger Illustrationen, die sich als Untermalung der großelterlichen Erzählung ausgezeichnet eignen. Die Enkel auf diese Weise zur genauen und vertieften Bildbetrachtung anzuregen, ist für die junge Generation unserer Zeit geradezu notwendig: Denn sie verleitet sehr allgemein zur Flüchtigkeit und damit zur konzentrationsschwachen Oberflächlichkeit.

Auch dass die Kinder durch das häufige Erzählen ihrer Großeltern das stille Zuhören lernen, ist ein wichtiger Ausgleich zu unserem Zeitgeist, der zu weitgehend in die hektische Aktivität lockt. Die besinnlichen Erzählstunden mit den Großeltern sind für die Enkel eine optimale Vorbereitung auf ein gedeihliches Wachstum ihrer geistigen Kräfte.

Das unmittelbare Erzählen und Vorlesen ist dabei für beide Gewinn bringender als das Abhören der Texte von Sprechplatten oder Tonbändern. Denn ein

Kind hört schließlich nicht absolut stumm zu. Es stellt dazwischen Fragen, es hat Einfälle zur Problemlösung der bedrängten Helden.

Diese Einwürfe der Kinder sind meist außerordentlich bedeutsam. Oft sind sie originell, oft kommt in ihnen große naive Weisheit zum Ausdruck, oft zeigt sich darin das Vertrauen, die Großeltern als wissende Seelenführer anzunehmen.

Gespräche zwischen Großvater oder Großmutter mit den Enkeln beim Kommentieren der erzählten Geschichten können eine unerhörte Kontakttiefe bekommen und dadurch für die Beteiligten ein großes Herzensvergnügen werden. Es winkt guter Lohn, wenn Großeltern es sich zur Aufgabe machen, mit einem bebilderten Buch auf dem Schoß den Enkeln die großen Weisheiten unserer Kultur erzählend zu übermitteln. Die Liebe ihrer Enkel, die sie sich ersehnen, wird ihnen mit größerer Gewissheit zufallen als durch Schleckergroschen oder aufreibende Mühewaltung um ihre Pflege.

Das Erzählen der Großeltern braucht sich natürlich nicht nur auf die Mythenüberlieferung zu beschränken. Ähnlich wie auf den Familienfesten ist es auch anhand von alten Fotografien, Tagebüchern und Briefen lohnend, den Jungen etwas von der vergangenen Zeit zu berichten, der historischen ebenso wie der eigenen. Freilich ist das mehr eine Möglichkeit beim Umgang mit den ein wenig älteren Enkeln jenseits der Zehnjährigkeit. Die Chance, das Interesse der Kinder für historische Vorgänge zu wecken, ist aber umso größer, je mehr die Enkel die Großeltern bereits durch ihre frühe Kindheit hindurch als die spannend Erzählenden erlebt haben. Dann besonders haben Großeltern Aussicht, dass die Enkel selbst noch im Jugendalter weiterhin den zweisamen Kontakt mit ihren Großeltern suchen.

Wichtig ist es auch immer, den Versuch zu machen, sich bei solchen Gemeinsamkeiten ein wenig gegen Störungen abzuschirmen. Der Großvater sollte, wenn er hinzutretend erlebt, dass seine Frau den Enkeln erzählt, nicht egozentrisch unterbrechen, sondern leise die Tür wieder schließen – im Bewusstsein des Wertes der Märchenstunde.

Die Großmutter sollte nicht das Essen und irgendwelche Alltäglichkeiten störend für wichtiger nehmen, wenn der Großvater gerade mit den Enkeln dabei ist, als heiliger Georg die Stadt vom Drachen zu befreien. Unsere Enkel brauchen dringend Orte der besinnlichen Zweisamkeit.

Moderne Großeltern sollten sich deshalb auch nicht schulterzuckend von dem so anderen Geist der Jugend und dem Anspruch der Zeit, sich von den Alten, den Voreltern zu emanzipieren, einschüchtern lassen.

Wie wichtig ist das Gespräch der 13- bis 18-Jährigen noch mit Großeltern, die wach ihr Leben gelebt haben und ihren Enkeln von ihren Erfahrungen berichten können! Wie notwendig ist es, den Jungen von der Verführungsstrategie im Hitler-Reich zu erzählen, damit sie erkennen, dass dergleichen Machenschaften mit zeitgemäßen Mitteln auch heute noch vielfältig geschehen – mit dem gleichen bösen Ziel: unerfahrene Jugend zu Manipulationsobjekten eigener Bemächtigungsabsichten zu missbrauchen. Es ist notwendig, dass die Enkel das durchschauen, bevor sie in den

Zauberbann der ideologischen Rattenfänger geraten sind. Dann allein können sie gegen ihn gefeit bleiben. Großeltern, zu denen die Enkel durch ihre Kindheit hindurch Vertrauen gehabt haben, sind geradezu prädestiniert, diese so entscheidend wichtige Aufgabe an den Enkeln wahrzunehmen.

H – Heimat geben

Eine 30-jährige Frau mit schweren Depressionen gab mir kürzlich folgenden erschütternden Bericht: Sie habe zehn Jahre lang in einer eheähnlichen Beziehung und Wohngemeinschaft mit einem Arbeitskameraden gelebt. Sie hätte den sehnlichen Wunsch gehabt, ihn zu heiraten und eine Familie zu gründen, aber er sei weder zu dem einen noch zu dem anderen zu bewegen gewesen. Da habe sie schließlich die Pille fortgelassen in der Hoffnung, dass die Tatsache der Schwangerschaft eine Sinnesänderung erwirken würde. Darin habe sie sich aber getäuscht. Die Mitteilung über die Schwangerschaft habe ihn bewogen, unter Hinterlassung eines Geldbetrages für die Abtreibung voller Wut seine Koffer zu packen und auszuziehen.

In ihrer Verzweiflung habe sie sich an ihre Eltern gewandt, zu denen sie immer eine recht gute Beziehung gehabt hätte. Sie sei die einzige Tochter in einem großen bäuerlichen Betrieb, und sie habe, bevor sie in ihren akademischen Beruf eingestiegen sei, eine landwirtschaftliche Ausbildung gehabt. Sie hätte den Eltern den Vorschlag gemacht, ihren zweiten Beruf aufzugeben, sich allmählich in die Hofnachfolge einzugewöhnen und dabei gleichzeitig ihr Kind zu betreuen und aufzuziehen.

Die Eltern lehnten aber diesen Vorschlag kategorisch ab, vor allem mit der Begründung, dass es sich ein angesehener Bauer nicht leisten könne, eine Tochter mit einem unehelichen Kind auf dem Hof zu haben; damit würde er in den Augen der Leute ein solches Verhalten und eine solche Einstellung, wie seine Tochter sie dokumentiere, tolerieren, und das könne er sich nicht leisten, das würde dem Ansehen von Hofbauer und Hofbäuerin zu sehr schaden.

Die Nachfolge der Eltern könne die Tochter *so* nicht antreten. Auch die Eltern hätten ihr Geld für die Abtreibung angeboten. Sie habe, wie unter einem Schock, dem Druck der Umwelt zwar nachgegeben, sei aber bereits einen Tag vor dem Eingriff in eine schwere Depression gefallen, die sie geradezu versteinert habe, so dass sie seitdem gänzlich arbeitsunfähig sei.

Versagende Großeltern! Gewiss, es wäre sicher nicht ganz leicht gewesen, dem hämischen Klatsch der Dorfbewohner standzuhalten. Es muss dem Bauernpaar auch zugestanden werden, dass es für das Dorf eine gewisse Vorbildfunktion hat, die durch das uneheliche Enkelkind in Frage gestellt sein würde; und dennoch wird hier ein zweitrangiger Aspekt zum vorrangigen erhoben und die Tochter mit ihrer Not allein gelassen. Eine entscheidende, wichtige Großelternmöglichkeit wird verweigert: für Enkel in Not ein Heimathafen zu sein.

Gute Großeltern zeichnen sich dadurch aus, dass sie letzter Fluchtpunkt sind, bevor alle Stränge reißen. Sie sind dann der verlässliche Rückhalt. Kürzlich hörte ich eine Mutter zu ihrem fünfjährigen Sohn, der sie ein wenig unvorsichtig geschubst hatte, sagen: «Vorsicht, Du brauchst mich noch!» Und der Junge erwiderte verschmitzt-keck: «Meinst Du? Schließlich habe ich ja auch noch Großmutter.» Die Gewissheit einer zweiten Heimat unter der Obhut der Großeltern ist für die Kinder und Enkel deshalb so wertvoll, weil der sich sicher fühlende, der angstfreie Mensch sehr viel mehr Chancen hat, in seinem Leben Qualifiziertes zu leisten, als einer ohne diesen Angstschutz.

Er steht eben auf festerem Grund und hat die Hände besser frei für lebenswichtige Aktivitäten. Außerdem müssen wir uns ganz besonders in unserer Zeit heute klar machen, dass Heimat- und Nestlosigkeit den Menschen mehr und mehr bedrohen: Das Gefühl der Wurzellosigkeit schleudert viele junge Menschen unversehens aus der Bahn. Ohne Bindungen liefert sich der Mensch zunehmend Gefühlen der Verlorenheit aus, so dass er leichter der Versuchung verfällt, sein Gefühl der Vereinsamung durch Rauschmittel zu betäuben oder in zweifelhaften Gruppen Schutz zu suchen. Der Heimathafen Großeltern kann solchen Gefahren vorbeugen. Haustür und Herz sollten offen stehen für Kinder und Enkel, die es nötig haben, sich einmal wieder unter die großelterlichen Flügel einzukuscheln.

Das kann nun freilich nicht heißen, es den Kindern und deren Kindern verwöhnend leicht zu machen. Es ist sinnreich, dass die Kinder, bereits bevor sie die Enkel in die Welt setzen, wissen: Unsere Eltern erwarten, dass wir die Erziehung der jungen Generation an erster Stelle selbst in die Hand nehmen.

Es ist eine bedenklich verführerische Einstellung, den Kindern die Vorstellung zu vermitteln, dass die Großeltern ohne das Vorhandensein einer Notsituation grundsätzlich bereit wären, die Enkel großzuziehen. Das verleitet zur Bequemlichkeit und Verantwortungslosigkeit. Zwar ist es tapfere Großelternschaft, eine unverheiratete Tochter aufzunehmen, die schwanger ist. Es entspricht dem Heimat gebenden Liebesgebot, in einer solchen Situation das Austragen des Kindes nachhaltig zu unterstützen. Aber selbst dann sollte die Tochter nicht aus der Verantwortung für ihr Kind entlassen werden.

Die Tatsache der Schwangerschaft ist ja oft bereits ein Merkmal unnachdenklicher Leichtfertigkeit. Ein Entwicklungsrückstand dieser Art darf auf gar keinen Fall festgeschrieben werden. Es wäre besser, wenn die junge Mutter eine Tätigkeit übernimmt, die es ihr möglich macht, ihr Kind, soweit es irgend geht, selbst zu betreuen. Es fördert die Entfaltung selbstverantwortlicher Erwachsenheit nicht, wenn die junge Frau sich darauf verlassen kann, dass ihr Kind Abend für Abend in guter großmütterlicher Obhut ist, so dass die Tochter in einem lockeren Lebensstil verharren kann.

Gute Großeltern bieten ihren Kindern und Enkeln zwar ein Dach über dem Kopf und heimatlichen Beistand an; sie lassen aber nicht zu, dass die junge Generation bei ihnen ein parasitäres Dasein führt. Es gehört zur Heimat gebenden Liebe, die Kinder aus der Selbstverantwortung nicht zu entlassen und einer rückläufigen Entwicklung klare, auch wenn nötig sogar ein wenig harte Grenzen zu setzen.

I – Interesse an den Enkeln haben

Das lateinische Wort Interesse enthält eine Ursprungsbedeutung, die für gekonnte Großelternschaft bedeutsam ist: das Dazwischensein. Es ist eine gute Sache, wenn Großeltern im Hinblick auf ihre Enkel hellhörig zugewandt seelisch anwesend sind. Dabei kommt es, wie gesagt, keineswegs darauf an, auch immer physisch anwesend zu sein. Das Interesse an den Enkeln ist eigentlich ein Dauerzustand horchbereiter Offenheit, die sich sogar praktizieren lässt, wenn Ozeane zwischen Großeltern und Enkeln liegen. Das Interesse ist mehr ein Zustand als eine Aktivität. Ja, die Betonung sollte mehr auf dem «Sein» als auf dem «Dazwischen» liegen. Es handelt sich dabei um den empfehlenswerten Status einer eher stillen, in sich ruhenden Beobachtung als einer eingreifenden Betriebsamkeit.

Beobachtung der Enkel von einer Hintergrundposition her kann viele günstige Auswirkungen haben. Als Erstes: Der nachdenkliche Beobachter sieht mehr, sieht genauer. Großeltern sind im Hinblick auf die Enkelbeobachtung darüberhinaus ja grundsätzlich Erfahrene. Wenn sie mehrere Kinder großgezogen haben, haben besonders die Großmütter meist noch eine recht gute Erinnerung an all die kleinen Einzelheiten der Entwicklungsstufen.

Sie wissen noch um die ersten Reaktionen auf Geräusche und Gerüche. Sie haben sich über das erste Lächeln, das erste Greifen, den ersten Zahn gefreut. Sie erinnern sich, wie verschieden ihre Kinder waren, wann das nächste Entwicklungsstadium erklommen wurde. Sie können meist schon erfühlen, ob ein Kind Fieber hat, oft sogar ziemlich genau schätzen, wieviel Grad. Sie wissen, wie kranke und gesunde Säuglingsstühle aussehen, sie kennen noch die Anzeichen von Masern und Mumps. Sie können durch ihr Interesse viel beitragen zur entlastenden Beruhigung der unsicher-besorgten jungen Mutter und sie können zur rechten Zeit auch eine Beobachtung mitteilen, die es möglich macht, vorbeugend ärztliche Hilfe in Anspruch zu nehmen.

Unangemessen wird das Interesse freilich, wenn daraus eine die jungen Eltern zusätzlich ängstigende Sorge entwickelt wird, wenn die Großeltern fortgesetzt plump den Teufel an die Wand malen, d. h. die junge Familie mit allen möglichen Befürchtungen verunsichern. Das ist eine Form des Interesses, vor der nicht nachhaltig genug gewarnt werden kann. Selbst wenn sich eine Besorgnis erregende Entwicklung anbahnt, selbst wenn eine bedrohliche Krankheit oder ein Unfall eingetreten ist, dessen Folgen nicht überschaubar sind, sollten Großeltern alles zur Entlastung, statt zur Belastung der sorgenschweren Eltern tun. Anhören, trösten, Hoffnung aussprechen, wenn auch nur einige besteht, Gottvertrauen bekunden ist unendlich viel positiver als jammerndes Lamentieren und Aussprechen von Befürchtungen.

Das Interesse der Großeltern an den Enkeln ist am ehesten sinnvoll, wenn es neben dem still beobachtenden einen beruhigenden Aspekt hat. Es ist unvernünftig, junge, bemühte, verantwortungsbewusste Eltern bei den geringsten Anfälligkeiten zu alarmieren und von Arzt zu Arzt zu hetzen. Unnötig verunsichernde Großeltern werden dann meist über die kleinen Sorgen mit den Enkeln nicht mehr informiert. Man vermeidet das, weil man mit Recht den negativen Einfluss übertriebener Besorgtheit fürchtet. Es gehört vielmehr zum Wahrnehmen guter Großelternschaft, ein fester Pol im Leben der Jüngeren zu sein und sie mit gefestigter Beruhigung und teilnehmender Tröstung zu beschenken.

Das Interesse für die Enkel ist ihnen besonders förderlich, wenn es im liebevollen Beobachten und stillen Teilnehmen bei ihren Spielen Ausdruck findet. Die Ideen beim Kasperletheaterspielen werden phantasiereicher und eindrucksvoller, wenn die Kinder aufmerksam lauschende Großeltern als Publikum haben. Ihre Rollenspiele, ihr Ausgestalten mit den Playmobilfiguren, den Legobausteinen, mit den Puppen, den Stofftieren werden farbiger und variabler, wenn Großeltern nickend und lächelnd dem Spiel ihre Aufmerksamkeit schenken.

Aber darin braucht sich ihr Interesse natürlich nicht zu erschöpfen: Sie kommen auch als Mitspieler in Frage – bei den Phantasiespielen ebenso wie bei Brett- und Gesellschaftsspielen. Aber auch hier hat das großelterliche Interesse einen anderen Stellenwert und eine andere Nuance als das elterliche: Während die Eltern immer auch darauf bedacht sein müssen, das Kind aktiv zu leiten, können Großeltern gelassener die nur seiende Gemeinsamkeit mit den Enkeln genießen. Dazu gehört auch, dass die Großeltern es sich eher erlauben dürfen, den Bedürfnissen ihrer Enkel zu folgen als sie zu bestimmen. Großeltern brauchen nicht zu er-ziehen und infolgedessen die

Enkel auch nicht zu einer Sache, die ihnen nicht behagt, hinzuziehen. Dadurch entsteht die Möglichkeit, dass die Enkel in der Obhut der Großeltern viel entspannter das Miteinander leben dürfen.

Entspanntheit dieser Art ist für die jungen Kinder von großem Wert. Einmal sah ich meinen fünfjährigen Enkel mit gewichtiger Miene ein Band an einen Weidenstock binden und es mit einer Heftklammer beschweren. Danach stellte er zwei Hocker, einen für mich und einen für sich, am Fluss auf und spielte in meiner Begleitung «angeln», d. h. wir saßen eine lange Zeit in stiller Versunkenheit am Wasser in der (bewusst gespielten) Erwartung des großen Fisches. Aber das Eigentliche war das Erleben des gemeinsamen Seins, das spielerische Einüben in die Tugend Geduld.

Die größere Gelassenheit, die oft vorhandene Möglichkeit, für die Enkel mehr Zeit zu haben als einst für die Kinder, ist aber auch ein Schlüssel, um das Unbewusste der Kinder zum Sprechen zu bringen. Die Phantasiespiele bekommen dann, ähnlich wie in einer nicht verbalen Spieltherapie, viel mehr den Charakter von Aussagen, die die zentralen Bedürfnisse, Probleme und Empfindungen wiedergeben. Die Kinder geben ihre Seele kund und sie tun das desto mehr, je mehr sie das nachdenkliche Verstehen des großelterlichen Beobachters empfinden.

Beim Zeichnen und Modellieren gilt übrigens das gleiche Gesetz: Je mehr die Enkel die Freude der Großeltern über eine Bastelei, über eine Zeichnung erfahren, umso mehr werden sie verstärkt, weitere Produkte anzuliefern. Je mehr die Großeltern in den

Darstellungen zu lesen vermögen, umso glücklicher werden sie über die helle Sonne auf dem Bild sein, weil sie ein Spiegel der Helligkeit der Seele des Kindes ist. Ebenfalls werden Sie aufmerksam sein, wenn die Bilder stark geschwärzt werden, die dargestellten Häuser verschlossen sind, die Bäume beschnitten oder verstümmelt; denn das ist für sie ein Signal, dass dieser Enkel eine Not hat, die vielleicht dadurch geheilt werden kann, dass die Großeltern noch sehr viel mehr Interesse und Zeit gerade für ihn und seine Bedrängnis verwenden.

Noch direkter gilt das beim Interesse der Großeltern für ihre Enkel im Jugendalter. Enkel, die bei ihren Großeltern als Kleinkinder das Zuhören gelernt haben, können mit Recht voraussetzen, dass ihre Großeltern bereit sind, ihnen zuzuhören, wenn sie etwas zu berichten haben. Sie werden sich einer verständnisbereiten Großmutter, einem aufmerksamen Großvater um so offener anvertrauen, je mehr sie erlebt haben, dass die Großeltern in der Lage sind, sich einzufühlen, mitzudenken und auf sie einzugehen.

J – Jeden Enkel vorbehaltlos bejahen

«Eins meiner Enkelkinder», berichtete kürzlich eine Großmutter von zwölf Enkeln, «wird mir immer fremd bleiben. Das ist der sechsjährige Andreas, das einzige Kind meiner geschiedenen Tochter. Wissen Sie, der ist seinem Vater wie aus dem Gesicht geschnitten. Und das war ein widerlicher Kerl. Er verführte unsere 17-jährige Tochter, brachte sie in einen aufsässigen Widerstand zu uns Eltern, und als wir unsere Einwilligung zur Eheschließung nicht gaben, produzierten sie dieses Kind, nur um unsere Abwehr lahm zu legen.

Na ja, die Sache lief natürlich schief. Unsere Tochter sollte Gastwirtsfrau spielen, mit Dauernachtdienst, obgleich sie doch noch gar nicht trocken hinter den Ohren war. Das Kind kam dabei gröblich zu kurz; aber die beiden vernachlässigten es lieber, als sich einzugestehen, dass sie unserer Hilfe bedürftig seien. Als der Schwiegersohn gegen seine Frau gewalttätig wurde, floh sie dann auch aus Stolz nicht zu uns zurück, sondern ging mit dem Kind in ein Frauenhaus. Heute lebt sie allein, arbeitet als Wirtschafterin und hat das Kind in eine Ganztagsschule eingeschult. Mittlerweile ist sie reifer geworden; sie hat zugeben müssen, wie recht wir damals mit unseren Bedenken gegen die Verbindung mit diesem Mann hatten. Kürzlich war sie in ihrem Urlaub mit dem Kind bei uns zu Besuch. Ich war hinterher restlos bedient. Das Kind ist unerträglich laut, frech, respektlos, ungeordnet, hektisch. Es verschlug uns geradezu den Atem. Man kann eben nicht alle seine Enkel lieben!»

Die Klage dieser Großmutter ist gewiss realistisch; und dennoch ist dieses Urteil über den Enkel gefährlich, denn es gibt ihm kaum die Chance, sich durch die Mithilfe der Großeltern zu bessern. Er wird zunächst einmal wegen einer äußeren Ähnlichkeit mit einem ungeliebten Schwiegersohn verworfen und daraus das Vorurteil abgeleitet, dass der Junge auch charakterlich dem Vater gliche. Dass das Verhalten des Enkels diesen Anschein verstärkt, hat sicher erstens etwas damit zu tun, dass er die Ablehnung der Großeltern empfindet, und zweitens, dass er einen so schweren Lebensstart gehabt hat. Er ist das Enkelkind mit dem schwersten Schicksal. Muss diese Einsicht nicht gerade Mitleid und vermehrte Zuwendung der Großeltern hervorrufen?

Gewiss, es gehört eine große Überwindung und Ausdauer dazu, ein verhaltensgestörtes Kind durchhaltend anzunehmen. Aber das ist auch der einzige Weg, um die Teufelskreise zu bannen und positive Entwicklungen einzuleiten.

Manchmal kann gerade ein innerlich heimatloses Kind durch häufige Ferienbesuche bei verständigen und bemühten Großeltern dort sein Defizit nachholen und mehr seelische Sicherheit erwerben, die es ihm möglich macht, umgänglicher zu werden. Eine solche großelterliche «Therapie» ist freilich nur dann möglich, wenn wirklich viel Zeit für den gestörten Enkel vorhanden ist. Manchmal kann es besser sein, wenn Großmutter allein mit diesem Enkel in die Ferien fährt – statt einen nervösen Großvater durch länger dauernde Besuche des verhaltensgestörten Enkels zu überfordern.

Es ist übrigens, selbst wenn es kein solches ausgesprochen schwarzes Schaf unter den Enkeln gibt, gar nicht so einfach, jeden Enkel vorbehaltlos zu bejahen und ihm gerecht zu werden. Meist haben die ersten Enkelkinder einen Vorschuss in Großelternsympathie, der von den Nachgeborenen nur schwer aufholbar ist. Es ist eben allein der älteste Enkel, der dieses Geschenk verursacht: das Glück der Großelternschaft, die entlastende Hoffnung, dass das eigene Geschlecht Zukunft bewirkt.

Es wird auch der erste Enkel mehr den Großeltern anvertraut. Häufig ist das Nest des jungen Paares noch nicht fertig, manchmal wohnen die Jungen noch bei den Alten. Aber selbst wenn das nicht der Fall ist, nimmt eine Tochter, die eine gute Beziehung zu ihrer Mutter hat, diese beim ersten Enkel vermehrt in Anspruch, zieht sie bei Fragen um die Pflege öfter zu Rate, weil sie noch unerfahren ist und der Abstützung bedarf. Der älteste Enkel wird auch meist in die Obhut der Großeltern gegeben, wenn die junge Mutter ein zweites Kind geboren hat – und die frischgebackenen Großeltern haben oft mehr Bereitschaft zu Hilfs- und Babysitterdiensten.

Dem ältesten Enkel kommt der gesamte Reiz des Neuen zugute und lässt eine tiefere Verbindung zwischen den Großeltern und ihrem ersten Enkel entstehen. Werden es dann mehr und mehr Enkel, so ebnet sich auch das übereifrige Interesse allmählich wieder ein. Es ist ein allgemeines Gesetz, dass Qualität durch Quantität gemindert werden kann.

Großeltern, die sich dieser Gegebenheit bewusst sind, können aber versuchen, durch bewusste Maßnahmen einseitigen Bevorzugungen zu begegnen. Sie könnten sich willentlich um mehr Enkelgerechtigkeit bemühen. Das trägt gute Frucht; denn diese Entschlossenheit, ihren Sympathien und Antipathien nicht die Zügel schießen zu lassen, kann zur Folge haben, dass sie sich betont gerade den Enkeln zuwenden, die ihnen ferner stehen.

Um wirklich Zugang zu jeder einzelnen Kinderseele zu bekommen, ist es sehr empfehlenswert, die Enkel einzeln zu sich zu holen, ohne die Eltern, ohne ihre Geschwister, und sich dann – vielleicht immer einmal wieder an einem Wochenende oder bei weiter Entfernung ein paar Tage in den Ferien – ganz ausschließlich diesem einen Kind zu widmen. Das hat viele Vorteile: Große Besuchsmassen überfordern Großeltern rasch; den vielen modernen Kindern auf einmal fühlen sie sich nur allzu oft mit Recht nicht gewachsen. Denn die Kinder heute sind im Allgemeinen undisziplinierter, lebhafter und unordentlicher als die Kinder früherer Generationen.

Darüber hinaus: Die Länge trägt die Last. Wie gesagt: Oft stehen die modernen Großeltern heute noch voll im Berufsleben. Wenn sie dann im Urlaub mit Enkeln bepackt werden, so ist das oft mehr, als sie leisten können. Aber selbst wenn das nicht der Fall ist: Der ältere Mensch hat ein stärkeres Ruhebedürfnis, er muss mit seiner ein wenig geringeren nervlichen Belastbarkeit rechnen. Aus all diesen Gründen ist es sehr angebracht, sowohl die Besuchslänge wie die Besuchsquantität vorsichtig und klug zu dosieren. Der Ferienbesuch jeweils eines Enkels für einige Tage ist deshalb geradezu ideal.

Bei Großeltern, die mit ihren Enkeln am gleichen Ort wohnen, kann man natürlich reihum öfter einmal solche Wochenendbesuche gestalten, wenn Kinder aus dem Kleinkindalter heraus sind. Wohnen die Großeltern in größerer Entfernung und haben sie mehrere Enkel im Schulalter, so ist es höchst sinnvoll, einen kleinen Jahresplan umschichtiger Enkelbesuche aufzustellen. Die Osterferien, Pfingsten, einige Tage im Sommer, die Herbstferien, verlängerte Wochenenden eignen sich ganz besonders gut für solche Aktionen.

Während es im Kleinkindalter besser ist, die Enkel mit ihren Müttern oder mit einem oder zwei Geschwistern in die fremde Umgebung zu verpflanzen, hat Großelternschaft im Schulalter der Enkel durch Individualisierung eine besondere Chance der Intensivierung, die man sich nicht entgehen lassen sollte. Das Besondere des jeweiligen Enkels lernt man in der Zweisamkeit sehr viel besser kennen. Das setzt natürlich voraus, dass die Großeltern sich an den Wochenenden, an denen sie den Enkel eingeladen haben, auch ziemlich ausschließlich mit ihm beschäftigen. Am besten ist es, ein richtiges kleines Programm zu machen. Großen Spaß macht es, mit den Fünf- bis Zwölfjährigen einen (nicht zu weit entfernten) Zoo aufzusuchen. Freude bereiten auch Besuche in Wildparks, im Zirkus, der Besuch einer Ausstellung, eines Kindertheaters.

Aber dennoch sind die großen Sonderprogramme eigentlich nicht der Weisheit letzter Schluss. Bei einer Bastelei, einem Waldspaziergang, in der Märchenstunde, beim Mensch-ärgere-dich-nicht- und

Schwarzer-Peter-Spielen ist wesentlich mehr zu gewinnen an Vertrautheit und Tiefe des Kontaktes.

Dabei müssen die Großeltern sich immer wieder selbst vor unangemessenen Vorurteilen der am Anfang dieses Kapitels beschriebenen Art bewahren: Die Kinder der Tochter sind *nicht* grundsätzlich von höherer Qualität als die der Söhne; auch ein Enkelkind, dass das Verhalten, die Stimme und die Gesichtszüge einer unsympathischen angeheirateten Verwandten trägt, ist nicht eine erneute Ausgabe dieser Person. Jeder Mensch ist absolut neu, absolut anders als die anderen. Großeltern haben keine Chance, ihren Enkeln gerecht zu werden, wenn sie Abneigungen gegen erwachsene Menschen auf sie übertragen, ja sie verstellen sich selbst das Glück, das aus der Bereitschaft fließt, jeden Menschen in seiner Eigenart zu bejahen und auch seine Schwächen miteinzubeziehen.

Dieser lohnende Entschluss gilt besonders in den Fällen, in denen ein Enkelkind ausgeprägte Vorbehalte geradezu automatisch hervorruft: Manche Großeltern, besonders die Großväter, tun sich schwer, behinderte Enkel zu akzeptieren. Die Hasenscharte, der Klumpfuß, das Schielen, ja erst recht eine spastische Behinderung oder eine andere hirnorganisch bedingte Schwierigkeit erzeugen noch heute bei manchen Großeltern Ablehnung statt Mittragen.

Das liegt daran, dass der «Defekt» des Enkels in solchen Großeltern eine narzisstische Kränkung hervorruft. Sie fühlen sich durch den Enkel mit einem Defekt selbst beschädigt. Im Extremfall wird das Vorhandensein der Störung der Schwiegertochter als böswillige Tat an den Großeltern angelastet, ohne dass ihnen das ganz bewusst wird. Sie reagieren auf die Existenz des Enkels mit beleidigtem Rückzug oder suchen, ihn den anderen, heilen gegenüber zu übergehen. Dass dieses eine archaische Einstellung ist, die den Großeltern in einem alten Kulturvolk nicht gemäß ist, sollten diese sich so rasch wie möglich klar machen, um in bewusster Überwindung ihrer Antipathie in doppelter Bereitschaft den jungen Familien mit behinderten Kindern zur Seite zu stehen.

Noch viel weniger sind großelterliche Vorbehalte im Hinblick auf das eine oder das andere Geschlecht der Enkelkinder angemessen. Kürzlich erzählte mir eine junge Frau, dass ihre Schwiegereltern bei der Geburt aller sechs Enkelkinder statt Freude zu bekunden, jedesmal verstärkt ein riesiges Lamento inszeniert hätten, denn beide Söhne hätten zu ihrer Schande nur Töchter produziert. Hier entwickeln gerade Großväter häufig noch eine reaktionäre Haltung eines bereits vergangenen Patriarchats: Ihnen geht es weniger um die Enkel als um die Fortsetzung ihres hochwohlgeborenen Namens! Der Stammhalter allein ist erwünscht.

Interessanterweise gibt es archaische Abneigung dieser Art auch gegen Adoptivenkel. Das hat freilich eine Ursache, die auf einem positiven Aspekt beruht: Die Bereitschaft, für das eigene Fleisch und Blut Verantwortung zu tragen, ist dem Menschen leichter. Die Bereitschaft, Kinder durch ihre so lange Kindheit hindurch zu betreuen und über lange Zeit die eigenen Belange hinter die der Kinder zurückzustellen, ist bei den Eltern biologisch unterlegt. Hormonelle Steuerung (besonders bei der Mutter) bewirkt die intensive Bereitschaft zur Pflege der eigenen Brut. Dieser Instinkt, der die Verantwortung für die Allernächsten, die leiblichen Nachkommen erleichtert, wirkt bis in die Großelterngeneration hinein nach. Sie empfinden – natürlich sogar genetisch zu Recht – ihre leiblichen Nachkommen als die eigentlichen, die richtigen Nachkommen.

Die Annektion fremder Entenküken findet in der freien Wildbahn kaum einmal statt (im Forschungsinstitut nur mit raffinierten Tricks der Verhaltensforscher). Adoption ist eine ungewöhnliche Leistung bei Tier und bei Mensch, vor allem wenn man den Anspruch erhebt, den Fremdling genauso zu lieben wie die leiblichen Kinder.

Großeltern müssen sich diese Vorgänge klar machen und ihr archaisches Vorziehen der eigenen Brut willentlich einzudämmen suchen, um auch den adoptierten Enkeln gerecht zu werden.

Das bezieht sich übrigens auch auf die «angeheirateten» Enkel, die heute immer häufiger vorkommen, d. h. jene Kinder aus einer fremden Ehe, die Sohn oder Tochter dadurch einbringen, dass sie eine Frau, bzw. einen Mann heiraten, der bereits Kinder hat. Man sollte es sich eingestehen, dass es nicht leicht ist, diese Kinder wirklich in die Familie einzubinden; denn selten sind sie noch im Säuglings- und Kleinkindalter, sondern in den allermeisten Fällen vielmehr bereits kleine – und oft durch fremde Einflüsse vorgeprägte – Persönchen.

Doppelt intensiv sollten hier Bemühungen der eben beschriebenen Art durch die Großeltern sein. Die meisten dieser Kinder haben einen schweren Lebensstart gehabt: Sie stammen aus disharmonischen, zerstrittenen Ehen, die mit einer Scheidung endeten, sie verloren Mutter oder Vater durch den Tod, oder sie wurden unehelich geboren. Das sind Risikofaktoren, die unruhig machen. Großeltern können mithelfen, die fundamentale Unsicherheit zu mindern. Angeheiratete Kinder aus Scheidungsehen bekommen durch die Heirat ihrer Mutter, bzw. ihres Vaters ein drittes Großelternpaar, was gelegentlich zu einem raffinierten Ausspielen der Kinder führen kann. Bei Oma Brake erklären sie, dass Oma Nenndorf viel besser sei, und bei Oma Nenndorf tönen sie von den Qualitäten der Oma Neukirchen. (Der schwierigen Aufgabe, derlei Konkurrenzen konstruktiv zu begegnen, ist ein eigenes Kapitel gewidmet.)

Oft geschieht Großeltern heute auch das Umgekehrte, und zwar meistens durch Scheidung des Sohnes: dass die Schwiegertochter mitsamt ihren Kindern gewissermaßen aus der Familie auswandert. In solchen Fällen ist viel Takt und langmütige Zurückhaltung nötig, um das Band zu den Enkeln nicht gänzlich zu zerstören. Ich habe in ungezählten Fällen als Gutachter in Scheidungsverfahren erlebt, dass sich die Komplikationen dadurch zu einem Dauerkrieg ausweiteten, dass die Großeltern nicht bereit waren, zu akzeptieren, dass die Enkel in der Obhut der «bösen» Schwiegertochter blieben und damit praktisch auch ihnen entrissen wurden.

Oft sind diese Ehen überhaupt vornehmlich daran gescheitert, dass der Sohn sich nicht von seiner großmächtigen Mutter zu lösen vermochte, so dass die Schwiegertochter schließlich in die Revolte ging. Nach der Scheidung wird dem Sohn von seiner Mutter hartnäckig zugesetzt, das Sorgerecht für seine Kinder zu erstreiten, wobei das gewichtigste Hintergrundmotiv nicht selten darin besteht, dass die Großmutter die Enkel haben will. Oft steht hinter solchen harten Auseinandersetzungen mehr der Besitzanspruch von Großmüttern als Verantwortung für die Enkel. Jedenfalls habe ich manchmal erleben müssen, dass diese Großmütter die fürchterlichsten Anschuldigungen gegen ihre angeblich erziehungsunfähigen Schwiegertöchter vorbringen, die sich bei gründlicher Nachprüfung als nicht stichhaltig erweisen.

Freilich gibt es natürlich auch dieses: dass ein verantwortungsbewusstes Großelternpaar um die Enkel kämpft, weil voraussehbar ist, dass sie in einem sie schädigenden Milieu bei einer seelisch kranken oder die Kinder vernachlässigenden Mutter verkommen. Aber wie dem auch sei: Immer ist es auch wichtig, an den Enkeln nicht die Schwierigkeiten mit deren Eltern auszutragen.

Selbst wenn die Enkel von ihren Großeltern planmäßig ferngehalten werden, sollte man das zunächst, wenn auch seufzend, akzeptieren und dennoch den Kontakt nicht ganz aufgeben. Ein Päckchen zu den Geburtstagen, ein Geschenk zu Weihnachten, gelegentliche Postkartengrüße aus besonderem Anlass sollten die Erinnerung der Enkel an diese Großeltern wachhalten. Sie signalisieren, dass hier, selbst bei großer Ferne, eine Instanz vorhanden ist, die den Enkeln die Treue wahrt, sie nicht mitverdammt, sondern ihnen eine Tür zu ihren Herzen jederzeit weit offen lässt. Diese geduldige Treue – auch und besonders in Scheidungsfällen – hat oft späte, gute Früchte getragen: Die jugendlichen Enkel machen sich auf und besuchen eigenständig ihre Großeltern, erleben sie ganz anders, als sie ihnen in der negativen Färbung der «ausgewanderten» Mutter erschienen sind, und häufig können sie sogar ein neues Band knüpfen, nachdem die Wunden, die sich die Menschen der älteren Generation vor Jahren geschlagen haben, wieder zugeheilt sind. Das vorbehaltlose Ja zu einem Enkel ist in einem Sonderfall – speziell für Großväter – eine mühselige Forderung: Wenn das Enkelkind einer Liaison mit einem Angehörigen eines fernen Kulturkreises entstammt. So z. B., wenn eine Tochter ein Kind von einem Farbigen bekommt, der nicht in der Lage ist, sie zu heiraten.

Aber dann tritt die Frage auf den Plan: Wohin mit dem Kind? Und oft setzt dann nach langen Jahren der Entfremdung die Rückbesinnung auf die Eltern ein. Die werdende Großmutter ist häufig auch relativ rasch zu gewinnen, aber der Großvater bleibt manchmal heute noch unerbittlich in der Weigerung, das Enkelkind zu akzeptieren, geschweige denn unter die großelterlichen Fittiche zu nehmen. Meistens geschieht das heute nicht.

Und je mehr die Eltern verstoßen, umso mehr ist die Tochter genötigt, sich selbst durchzuschlagen, umso gefährdeter ist ihr Lebensweg, umso eher wartet auf den Kleinen ein Heimschicksal. Es ist verantwortungsbewusster, wenn Großeltern ihren archaischen Vorbehalt gegen dieses Kind aufgeben und auch diesem Enkelkind ihre Liebe und ihre Hilfe angedeihen lassen.

Ähnlich schwer, den Enkel vorbehaltlos zu bejahen und ihm durchhaltend die Treue zu bewahren, ist es, wenn sich erweist, dass der jugendliche Enkel entgleist, wenn er straffällig wird, in schlechte Gesellschaft oder in eine Sucht gerät. Großeltern machen sich die Sache zu leicht, wenn sie dann die Tür zu ihrem Herzen einfach verschließen und den strauchelnden Enkel gewissermaßen verstoßen. Besser wäre es freilich, bei den sich bereits bei dem Kind zeigenden Mopsereien aus Großmutters Portemonnaie hellwach zu werden und sich zu sagen, dass dieser Enkel offenbar zu kurz gekommen ist und mehr Liebe braucht. Wenn das nicht geschehen ist, sollten sich Großeltern nicht zu fein sein für die regelmäßigen Päckchen in die Jugendstrafanstalt, ja für Besuche dort. Das sich krümmende Häkchen kann nur durch mehr Bindung und Treue wieder geradegebogen werden!

Auch wenn es so arg noch nicht ist und die jugendlichen Enkel lediglich durch ihr verdrecktes Äußeres und ihr rüpelhaftes Benehmen auf die Großeltern abstoßend wirken, sollten die sich einen Stoß geben und den Enkel nicht verwerfen.

Oft ist dieses Benehmen lediglich ein Mitlaufen im Modestrom, oft können gerade Gespräche mit Jugendlichen, die den Großeltern fremd erscheinen, den Jungen Selbsterkenntnisse erbringen. Dabei ist es natürlich wichtig, dass die Großeltern ihre Abscheu, ihren Widerstand gegen die hässliche Verkleidung ihrer Enkel nicht bereits auf dem Gesicht tragen und damit der Provokation zum gewünschten Erfolg verhelfen.

Viel wertvoller als kopfschüttelndes Beklagen über diesen ‹Aufzug› ist es, ihn zu übersehen, sich nicht daran zu erhitzen und zum Eigentlichen und Wesentlichen vorzustoßen: zum besinnlichen Gespräch miteinander. Gerade Jugendliche haben zahllose Probleme mit sich selbst, sie geben sich viel selbstbewusster als sie eigentlich sind. Haben großzügige Großeltern diese Barriere eines bizarren Schutzmantels erst einmal durchbrochen, so entdecken sie oft eine Seele, die des Rates, des Trostes, des Schutzes, der Bergung dringend bedürftig ist. Es soll späteren Kapiteln vorbehalten sein, konkret zu schildern, wie das geschehen kann.

K – Konkurrenz mit den «Gegenschwiegern» vermeiden

Vater, Mutter und ihr fünfjähriger Sohn sitzen am Weihnachtsabend unter dem Tannenbaum. Sie haben die beiden verwitweten Großmütter ihres Kindes zum Fest eingeladen. Die Bescherung beginnt. Oma 1 schiebt Lukas einen Karton zu: Er enthält ein kuschliges Steifftier, einen Stoffhasen. Oma 2 schleppt mit geheimnisvoller Miene ein wesentlich größeres Paket an: Als Lukas es geöffnet hat, bricht er in Jubel aus. Das Stoffhäschen hat ausgedient, denn der Karton enthält ein lebendes Kaninchen. In heimlichem Triumph hockt Großmutter 2 neben ihrem Enkel: *Sie* hat den Vogel abgeschossen, *ihr* ist das beste Geschenk gelungen.

Da klingelt es an der Haustür. Oma 1 bedeutet der Familie, ihr das Türöffnen zu überlassen, sie habe den Weihnachtsmann bestellt. Sie erscheint mit einer ansehnlichen Kiste. Lukas darf sie öffnen, nachdem Oma 1 sorgfältig das Kaninchen von Oma 2 in den Käfig zurückgesetzt hat. Was entquillt der Kiste? Ein reizendes schwarzes Dackelbaby. Lukas ist wie von Sinnen vor Begeisterung. Das Kaninchen bleibt unbeachtet und wird von der Hausfrau – mit einer Mohrrübe versorgt – in den Keller transportiert. Oma 1 lehnt, ihren Endsieg genießend, im Sessel, Oma 2 lächelt säuerlich und macht gute Miene zum zweifelhaften Spiel.

Die Eltern sind leicht verwirrt. «Werden sich Hund und Kaninchen vertragen? Wäre es nicht besser gewesen, Schwiegermama hätte mich gefragt, ob ein

Hund tragbar ist in unserem Haushalt? Und warum hat Mutter nicht verraten, dass sie Lukas ein Kaninchen schenken wollte?», denkt die junge Mutter. Der Vater des Kindes denkt lauter: «Wie seid Ihr denn zu dieser Wahl Eurer Geschenke gekommen?» «Nun», gibt seine Mutter zu, «ich hatte den süßen Stoffhasen und habe ihn Else einmal gezeigt, als sie bei mir vorbeikam. Nach ein paar Tagen rief sie mich an und sagte: ‹Du, ich habe in unserer Zoohandlung eines von diesen zauberhaften langhaarigen Kaninchen für Lukas bestellt.› Da hab' ich gedacht: Na warte, da schaff' ich noch 'was Besseres!»

Ein merkwürdiger Konkurrenzkampf, der in seiner Zielsetzung den meisten großmütterlichen Akteuren noch nicht einmal bewusst ist: das Übertrumpfen der «Gegenschwieger», um in der Gunst des Enkels an der ersten Stelle zu stehen!

Das ist eine belustigende Variante der menschlichen Sehnsucht, der Geliebteste des Geliebten zu sein. Freilich, und das muss besonders den Großmüttern deutlich werden, enthält dieser Konkurrenzkampf infantile und egozentrische Ziele und ist deshalb beim Verhalten von Alten gegenüber Jungen ganz gewiss nicht vorbildlich. Denn vordringlich handelt es sich eben *nicht* darum, die größte Freude zu *machen*, sondern einer Konkurrentin den Rang abzulaufen, um selbst am ersten Platz zu stehen. Erkennbar ist das daran, dass das Ziel in den Augen des Enkels (Oma 1 ist doch die beste) erreicht wird, während die eigentliche Frage: «Ist dieses Geschenk in diesem Alter schon das richtige für das Kind, kann meiner Schwiegertochter in ihrer jetzigen Situation eigentlich die

Versorgung eines Hundes zugemutet werden?» gar nicht ins großmütterliche Nachdenken gerät.

Konkurrenz mit der Großmutter aus der angeheirateten Familie ist zwar wohl menschlich, allzu menschlich; aber auch in diesem Feld ist es sicher sinnvoll, großmütterliche Triebhaftigkeit durch Bewusstmachen maßvoll zu zügeln. Es taugt zum Beispiel überhaupt nichts im Hinblick auf die positive Entwicklung des Enkels, wenn Oma 2 sich – nur aus Konkurrenz zur Schwiegertochter und deren Mutter, die keinen Fernsehapparat haben, um das Kind nicht seelisch zu beschädigen – einen besonders guten Farbfernseher zulegt, um zu erreichen, dass der Enkel, so oft er kann, bei ihr einschlüpft.

Der volkstümliche Ausdruck «Gegenschwieger» ist im Hinblick auf den Konkurrenzkampf der Großmütter um die höchste Gunst der Enkel ebenso treffend wie berechtigt. Es handelt sich eben letztlich um ein bedenkliches, ein misstrauisches Gegeneinander, wo doch um des gemeinsamen Enkelkindes willen ein Miteinander angebracht wäre. Gegenschwiegerallüren bedürfen also dringend der bewussten Bändigung. Denn wenn derlei Gefahren nicht erkannt werden, bleibt die Tendenz zum Ausstechen keineswegs auf die Gunst um die Enkel beschränkt, sondern weitet sich darauf aus, grundsätzlich das bevorzugte, ja letztlich das alleinige Großelternpaar in der jungen Familie zu sein.

Treffen hier zwei triebhafte, intrigante Großmütter aufeinander (womöglich beide mit einem längst zum Anhängsel degradierten Ehemann an ihrer Seite), so pflegt meist wenige Monate nach der Eheschließung des jungen Paares der Krieg voll entbrannt zu sein und die Familien nervenzermürbend zu beschäftigen. Das junge Paar ist dem Krieg der Großmütter meist wehrlos ausgeliefert und trägt oft auch viele eheliche Wunden davon, pflegt es doch familienbewusst voreinander daran festzuhalten: *Meine* Familie ist gut, *meine* Mutter meint das Beste ...

Drohen Gefahren dieser Art, sind gegenschwiegerliche Kämpfe zu befürchten, so kann dem weitaus am besten dadurch vorgebeugt werden, dass die jungen Paare von vornherein versuchen, die beiden Familien so wenig wie möglich in einen Topf zu werfen. Man fordert das Schicksal nicht unnötig dadurch heraus, dass die Großeltern gleichzeitig eingeladen werden. Freilich, bei der Taufe, der Konfirmation oder Firmung, bei Verlobung und Hochzeit der Enkel ist das unumgänglich, und deshalb ist es wesentlich wichtiger, wenn vor allem die Großmütter das Unsinnige eines solchen Konkurrenzkampfes fest in ihr Bewusstsein nehmen und sich, gemeinsam lachend, aus seinem Bannkreis lösen, wenn er sich einmal wieder unversehens anzubahnen droht. Denn wenn das unreife Übertrumpfen und Vergleichen erst einmal gebändigt ist, können die Großeltern in arbeitsteiliger Einigkeit die gemeinsamen Kinder und Enkel wertvoll und variabel unterstützen.

L – Lieben

Ich hoffe, dass das bisher Gesagte dieses kleinen Großelternalphabets deutlich gemacht hat: Bei genauerem Hinsehen ist es gar nicht so einfach, Enkel in der richtigen Weise zu lieben. Großmütter neigen zum weich vergewaltigenden Übermaß, zum übertriebenen Eingriff, Großväter zum starren Prestigedenken. Ihnen geht es oft mehr um die Präsentation von Stammvaterschaft als um das einzelne Kind selbst. Wie können es Großeltern schaffen, ihre Enkel mit einer Liebe zu beschenken, die ihnen bekommt, die ihnen gerecht wird, die sie stärkt und ihnen zum Gedeihen verhilft?

Meine Praxiserfahrung hat mich gelehrt, dass selbst Großeltern diese Liebe nicht aus ihrem eigenen Herzen, ihrem eigenen Kopf allein entspringen lassen können. Soll es Liebe sein, die den Enkeln angemessen ist, die durchhaltend strömt, so muss sie zunächst einmal erbetet werden, bzw. ihre eigentliche Quelle muss in der Bezogenheit der Großeltern zu ihrem Schöpfer wurzeln. Der Christ empfindet sich schließlich als ein geliebtes Kind Gottes, als ein von ihm geschaffener Sohn, als eine von ihm ins Leben gerufene Tochter. Diese Vorstellung erfüllt ihn mit Liebe, Dankbarkeit und Ehrfurcht. Sie entzündet das Bestreben, diese Liebe nacheifernd an die Nächsten weiterzugeben.

Im Einsatz als Vater und Großvater, als Mutter und Großmutter gibt der Christ vor allem auch dem *einen Vater*, Gott, die Ehre. Er erfüllt das Gebot: «Ihr Väter, liebet Eure Kinder.» Nur aus der Erfüllung dieser

Aufgabe, der verantwortungsbewussten, treuen Erfüllung durch die Eltern und Großeltern kann nämlich die Hoffnung erwachsen, dass für die Kinder auf dem Boden freiwilliger Dankbarkeit das 4. Gebot «Ehre Vater und Mutter» verbindliche Gültigkeit bekommt.

Das Ehren der Väter und Mütter (wie es noch bei Mose heißt und damit die Großeltern, ja die Voreltern einschließt) kann deshalb zu einem langen Leben der Enkel in dem Lande, das Gott ihnen verheißen hat, führen, weil dieses Ehren der Älteren ein Beachten der tradierten Erfahrungen ist, weil es Klugheit der Enkel bedeutet, auf die Lehren liebevoller, verantwortungsbewusster Großeltern zu hören. Aber noch einmal: Dass die Enkel diese Klugheit aufweisen, hat zur Voraussetzung, dass die Väter und Mütter, die Großväter und Großmütter sie mit opferbereiter Liebe und durchhaltender Treue beschenkt haben.

Dieses Gesetz Gottes ist sehr unerbittlich, so kann die moderne Psychologie bestätigen. Väter und Mütter, die den Kindern ihre persönliche Mühewaltung, ihr Dazwischen-sein verweigern, weil sie Gott nicht die Ehre geben, weil sie nicht die persönliche Verantwortung übernehmen wollen, handeln sich deren Widersetzlichkeit im Jugendalter ein.

Es gehört zur Aufgabe der Großeltern, diese Gefahren den Eltern ihrer Enkel zu verdeutlichen und sie, wenn nötig, zu warnen. Aus Liebe zu den Enkeln müssen die Eltern von den Großeltern hören, dass viel Abwesenheit der Mutter den Kleinkindern schadet, dass leichtfertiges Scheiden ein großer Risikofaktor für die Enkel bedeutet. Warnungen dieser Art können aber nur fruchten, wenn sie aus der uneigennützigen Liebe im Dienst für Gott geschehen. Haben die Jüngeren den Eindruck, dass der Großvater sich selbst auf Gottes Thron gesetzt hat, aus eigenem Machtanspruch und mit paschahaften Weisungen selbstgesetzte Forderungen stellt, sind sie meist in den Wind gesprochen. Nur der Großvater, der sich selbst als im Dienst Gottes Stehender begreift, hat ein Anrecht zu solchen Weisungen.

In der Liebe Gottes zu den Menschen ist schließlich auch ein sehr männlicher Aspekt enthalten, der besonders der triebhaften Verwöhnungsneigung der Großmütter Zügel anlegen kann – falls sie sich danach ausrichten –: Gott mutet den Menschen Überwindung ihres Egoismus zu. Seine Liebe ist eine Grenzen setzende Liebe. Wer von den Kindern Gottes nicht hören will, der muss fühlen, so weiß die Bibel. Gott kennt und setzt ethische Unumstößlichkeiten. Auch die Liebe der Großeltern zu den Enkeln sollte nicht endlos schenkend und endlos forderungslos sein. Zwar fordern echt liebende Großeltern nichts für sich zurück, aber sie erwarten vom Enkel als Dank ihrer Mühewaltung das Wahrnehmen seines Lebensauftrags für Gott in der Welt.

Dies auch ist das entscheidende Gegengift gegen eine weitere großelterliche Gefahr: den einen oder den anderen Enkel zu vergöttern, aus ihm ein Idol zu machen, ihn voller Bewunderung über seine Intelligenz, seinen Charme, seine Begabungen, seine Schönheit auf den Hausthron zu setzen und in Daueranbetung zu verharren. Den Enkeln bekommt dergleichen Überhöhung nicht. Sie werden zur Tyrannis oder zu lebensfremdem Größenwahn vorgeformt, der eine gefährliche Lebenslinie darstellt. Gläubige Großeltern beherzigen das Erste Gebot und zügeln ihre übermäßige Bewunderungslust für den göttlichen Enkel.

Es ist für Großeltern darüberhinaus wichtig, am Evangelium zu lernen, dass die Zuwendung zum Kleinen, zum Geringen, zum Schwachen in den Augen Gottes von allerhöchstem Wert ist, dass sich z. B. der Großvater von seiner hohen Würde nichts vergibt, wenn er sich selbst mit den jüngsten Enkeln beschäftigt, sie einwiegt, füttert oder einmal als Babysitter fungiert.

Großelterliche Liebe auf einem gläubigen Hintergrund kann auch Schicksalshärte besser aushalten und sie in demütiger Stärke durchtragen, so dass die Jungen daraus Schutz und Kraft schöpfen können. Menschen, die wissen, dass denen, die Gott lieben, *alle* Dinge zum Besten geraten, können schwere familiäre Schicksalsschläge als notwendiges Leid anerkennen und bejahen. Das Gottvertrauen, von dem sie getragen sind, lässt sie nicht so leicht verzagen. Sie sind in der Lage, den Kindern und Enkeln in kritischen Situationen Mut zuzusprechen.

Sie verstehen es auch, die Misslichkeiten, die Streitereien, die Animositäten, die Beleidigungen, die das Leben in einer Familie mit sich bringt, mit Liebe zu bekämpfen. Eine großelterliche Liebe dieser Art lässt es nicht zu, dass sich Zerstrittenheit in der Familie festschreibt. Solche Großeltern reichen die Hand zur Versöhnung sogar, wenn sie die Opfer eines Streites waren. Sie machen sich zu Vermittlern der Versöhnung zwischen zerstrittenen Familienmitgliedern. Prachtvoll hat Johannes Pfeiffer das Postulat christlicher Großelternliebe in einem Gedicht dargestellt:

Gegenan, gegenan
Musst Du leben, lieben.
Was sie Dir auch angetan
Und so bunt sie's trieben.

Gegenan, gegenan
Geben und vergeben.
Denn nur so sprengst Du den Bann
Und gewinnst das Leben.

M – Mäkeln abstellen

Eine junge Frau sitzt mir gegenüber. Sie weint. «Ich kämpfe mit einem mich so sehr quälenden Bedürfnis, das mich immer mehr einnimmt, obgleich ich es doch nicht will. Etwas in mir will hier weg, nein, vielmehr: will mich umbringen, und zwar auf eine ganz makabere Art; den Strick habe ich nämlich schon parat: Ich will mich aufhängen, und zwar an einem Montagmorgen an einem Regentag, auf dem Boden, etwa eine Stunde bevor meine Schwiegermutter mit dem Wäschekorb den Bodenraum betritt. Ich kann, ich kann, ich kann nicht mehr!», fährt es aus ihr heraus.

«Soll sie doch den ganzen Laden alleine weitermachen, soll sie doch ihre drei heißgeliebten Enkel nach ihrer eigenen Mütze aufziehen. Ich habe schon seit vier Jahren ein chronisch gewordenes Magengeschwür. Meine Schwiegermutter ist für mich wie ein Dämon. Ich lebe in der Hölle. Mein Mann will keinen Streit mit seiner Mutter, er hält sich 'raus. Wenn es hart auf hart kommt, stellt er sich zu ihr und lässt mich im Wind stehen. Die Enkel verwöhnt sie nach Strich und Faden. Ich habe längst aufgehört, um die Kinder zu kämpfen, sie hat sie absolut unter ihrer Fuchtel. Ich bin allenfalls die Dienstmagd in ihrem Haus, dazu eine, die Schlimmeres zu erdulden hat als Aschenputtel.»

«Wie sieht das im Einzelnen aus?», frage ich. «Nun, es gibt nichts, was ich richtig mache, ich bekomme tagaus, tagein nur Tadel zu hören. Wie ein KZ-Aufpasser ist sie hinter mir her und mäkelt, mäkelt,

mäkelt. Die Treppe ist nicht gut genug gefegt, im Deckbett ist eine Falte, der Wasserhahn tropft, eine Lampe ist nicht ausgeschaltet, die Sahne ist sauer geworden, die Mohrrüben sind so klein, weil ich sie nicht gut genug gedüngt habe, die Hemden meines Mannes sind nicht ausreichend gut gebügelt usw. usw.

Dabei müssen Sie wissen, dass ich von Haus aus selbst ziemlich ordentlich bin, dass ich mich um Gründlichkeit und Sauberkeit bemühe; ich habe selbst eigentlich Freude daran. Aber die Art, wie meine Schwiegermutter mich ermahnt, legt jede Lust lahm. Ich habe mich schon mehrere Male dabei ertappt, dass ich ihr zusätzlich Grund zum Mäkeln gab, indem ich halb absichtlich Suppe verschüttete, einen Topf anbrennen, ein Fenster offen ließ. Das Gezeter, das bei größeren Vergehen ausbricht, sollten Sie einmal erleben! Nur weil es zu unerträglich ist, habe ich schließlich den Spieß umgedreht. Irgendetwas in mir lacht hämisch, weil ich es schaffen kann, sie auf Knopfdruck automatisch dahin zu bringen, sich aufzuplustern wie ein aggressiv kollernder Truthahn. Aber es ist *so* auf die Dauer einfach kein Leben. Ich habe einen Wahnsinnshass auf meine Schwiegermutter und je mehr sich der anstaut, umso mehr wächst das Gespenst, mich endgültig und unwiderruflich durch Selbstmord an ihr zu rächen.»

Diese Schilderung ist zwar der ärgste Bericht dieser Art, den ich mir habe erzählen lassen – aber es gibt ihn in abgemilderten Varianten gar nicht einmal selten; besonders in den Fällen, in denen eine Frau in einen bäuerlichen Betrieb eingeheiratet hat, wo die

Schwiegermutter ein unerbittliches Machtregiment ausübt. Aber auch in städtischen Haushalten kommt dergleichen vor, nicht nur bei Schwiegermutter und Schwiegertochter, sondern es gibt auch heute noch Mütter, die in dieser Weise ihre aggressionsgehemmten Töchter gängeln und ihnen durch kleinkariertes Mäkeln das Leben vergällen.

Dabei ist es von großer Wichtigkeit, dass Großmütter, die zur Mäkelsucht neigen, erkennen, dass ihr eigentliches Gutmeinen eine gefährliche Übertreibung erfahren hat: Dahinter steht die unbewusste Vorstellung, dass der eigene Haushalt perfekt sein muss und dass Großmutter die einzige ist, die die Fähigkeit hat, das zu erwirken. Die bemüht mäkelnde Großmutter muss sich verdeutlichen: Sie misst sich ein Maß an Verantwortung zu, das sie als die Altbäuerin, als Mithelferin im töchterlichen Haushalt nicht hat. Die eigentlich positive Bemühung entartet durch ein Übermaß zum unerträglichen Machtanspruch.

Großmütter, die hier gefährdet sind, müssen sich klar machen, dass die Vorstellung vom perfekten Haushalt eigentlich ein Stück Größenwahn enthält. Kein Mensch ist in seinem Leben vollkommen. Es ist besser, die eigenen Fehler zu erkennen und aufgrund dieser Einsicht auch Töchtern und Schwiegertöchtern zuzubilligen, Fehler zu haben und Fehler zu machen. Das lebensvergällende Mäkeln von Großeltern kann sich freilich noch aus anderen Quellen speisen als aus einem großmütterlichen Vollkommenheitsanspruch.

Oft ist es auch Ausfluss einer diffusen Unzufriedenheit mit sich selbst, deren Ursache unerkannt bleibt und nun auf die Angehörigen projiziert wird nach dem Motto: Wenn ich mich schlecht fühle, muss das schließlich einen Grund haben, und da Ihr meine Nächsten seid, muss es wohl an Euch liegen.

Es gibt Großeltern, deren Unzufriedenheit sich im Klagen über die lächerlichsten Dinge ausdrückt: Der Scheitel der Enkeltochter ist nicht gerade, der Strumpf des Enkelsohnes verrutscht, Claudia hat schon wieder einen Fleck auf ihrer Bluse, Jan hat schmutzige Fingernägel. Hört man dieser Art des Mäkelns genau zu, auf den Tonfall, die Wortwahl, den Blick, so lässt sich bald herausfinden, dass hinter der Klage die Anklage, der Vorwurf steht.

Mit Recht empfinden die erwachsenen Kinder diese Klagen nicht nur als kleinkariert, sondern in der Tiefe auch unberechtigt; denn dahinter steht meistens eine verdeckte Verneinung der eigenen Lebensform, eine Verweigerung der Lebensstufe des Altseins. Mäkelnde Großeltern haben einen unaufschiebbaren Verzicht nicht geleistet, nämlich den, zurückzutreten.

Ohne bewussten Verzicht aber gibt es kein Altersglück. Schließlich ist es nicht einfach sinnlos, dass die Augen und die Ohren der Alten allmählich schwächer werden: Diese Alterungsprozesse unseres Körpers enthalten auch die Weisung, sich um die aktiven Belange der Welt so vorrangig gar nicht mehr kümmern zu sollen. Mäkelnde Großeltern, die deswegen schließlich regelmäßig Konflikte mit den Jüngeren bekommen, so dass die Kinder und Enkel im besten Fall einen weiten Bogen um sie machen, müssen dringend mit sich zu Rate gehen. Sie sollten herauszufinden suchen, wie sich ihre innere und äußere Situation so ändern lässt, dass sie zufriedener werden können.

Von großem Wert ist oft die Trennung der Haushalte, selbst in den Fällen, in denen der Dienst der verwitweten Großmutter bei den Kindern eine gute Hilfe ist. Großeltern, die ihr Alter bejahen, können auch ja sagen zu einer geminderten Leistungsfähigkeit und überfordern sich nicht fortgesetzt selbst. Dann hört auch die Neigung zum Mäkeln auf, das die Beziehung zersetzt.

Es gibt übrigens auch Großmütter, die so vornehm sind, ihre Mäkelneigung lediglich an sich selbst abzumachen. Eine junge Frau erzählte mir, dass ihre Mutter sich fortgesetzt in ihrem Haushalt überanstrenge, ohne Rücksicht auf Bandscheibenschäden, Arthrose und Thrombose. Sie habe sich eine Redensart angewöhnt, die sie jedesmal wiederhole, wenn sie eine sie überanstrengende Arbeit geleistet habe. Sie sagt dann mit selbstanklägerischer Miene: «Man sollte mich ohrfeigen!» Aber deutlich stünde auf dem Gesicht der Großmutter gleichzeitig das Heischen nach Anerkennung, nach einer Dankbarkeit, die Kinder und Enkel mit Schuldgefühlen belastet.

Andere Großeltern sprechen ihre Kritik nicht aus, sondern zeigen ihre Unzufriedenheit durch eine Geste: durch das Krausen der Stirn, durch Kopfschütteln, durch ein Schnüffeln mit der Nase, durch Räuspern. Großeltern sollten sich Mäkeleien grundsätzlich verbieten. Falls sie als Paar ihr Alter verbringen dürfen, kann es hilfreich sein, sich beim Abgewöhnen zu helfen, z. B. eine Mäkelstrichliste anzulegen und am

Abend zu schauen, wer besser war, wer bereits Fortschritte gemacht hat. Souveräne Großeltern können Kinder und Enkel bitten, ihnen beim Abgewöhnen des Mäkelns behilflich zu sein. Alt und Jung können den Entschluss fassen, sich das gegenseitige Loben, das Freuen über hilfreiche Taten nicht zu versagen und den Alltag dadurch so positiv zu gestalten, wie er ohne mäkelnde Fehlhaltungen meist ohne weiteres sein kann.

Warnungen vor Mäkelsucht dürfen freilich nicht missverstanden werden: Es kann sich nicht darum handeln, anzustreben, dass die Alten sich schmollend aus dem Leben der Jungen gänzlich zurückziehen. Es ist auch der falsche Weg, nun nur noch mit vorwurfsvoll verbissener Stummheit Hilfe zu leisten; es muss sich vielmehr darum handeln, selbst die gelegentlich notwendigen erzieherischen Bemühungen in einer Weise und Dosis vorzutragen, dass sie von Kindern und Enkeln annehmbar sind. Denn es ist schließlich prinzipiell richtig und sinnvoll, dass die Jungen von den Alten lernen. Dabei sollen Grundregeln eingehalten werden.

1. Kritik wird besonders von Schwiegerkindern sehr schnell als Herabsetzung, als Wertminderung erlebt. Deshalb: Niemals mit kritischen Bemerkungen plump ins Haus fallen. Weniger ist hier meist mehr!

2. Vormachen ist wirkungsvoller als anweisen und tadeln.

3. Hellhörige Freude an konstruktiven Neuheiten, die die Jungen einbringen, erleichtert die Bereitschaft, auch etwas von den Alten anzunehmen.

4. Man prüfe sich täglich, ob die Mäkelneigung nicht etwas mit der Versuchung zu tun hat, sich selbst göttliche Unfehlbarkeit anzumaßen. Man kämpfe gegen diese heidnische Machtanmaßung durch das Schuldbekenntnis vor Gott. Man suche der Schuld im Gebet zu begegnen.

N – Nicht nachtragen

Ein überanstrengter Schwiegersohn kehrt nach einem sommerlich heißen Arbeitstag verspätet zum Abendessen heim, wo die Familie mit den zu Besuch weilenden Großeltern bereits um den Tisch sitzt. Es entsteht Durchzug, die Tür fällt ihm aus der Hand und mit einem Knall ins Schloss. «Nicht so laut!», sagt die Großmutter statt einer Begrüßung, «Klein-Daniel ist gerade eingeschlafen.» Und sie fährt fort: «Siehste, da haben wir die Bescherung», als aus dem Nebenzimmer Babygebrüll tönt. Der Schwiegersohn stiert seine Schwiegermutter wütend an:

«Alte Hexe», stößt er hervor und wiederholt schreiend in die konsternierten Gesichter hinein: «Alte Hexe, Hexe, Hexe!», verschwindet durch die Tür und knallt sie von außen zu.

Der Großvater geht wortlos zum Telefon: «Ein Taxi zum Bahnhof bitte», sagt er. «Du musst einsehen, Dorothee», fährt er gegen seine Tochter gewandt fort, «dass wir uns das von Deinem Mann nicht bieten lassen können.» Die Großmutter packt stumm-eilig die Koffer – kein Bitten von Enkeln und Tochter hilft. «Wir betreten Euer Haus nie wieder!» Das Taxi fährt vor. Großmutter, Großvater, ade!

Die zurückgebliebene Kleinfamilie weiß, dass mit Vater nicht gut Kirschen essen ist, wenn er überanstrengt ist. Am Wochenende aber versuchen sie einen Vorstoß: «Bitte, kannst Du nicht etwas Versöhnliches tun – einen Blumenstrauß, einen Brief mit der Bitte um Vergebung?» Aber der junge Vater bleibt hart: «Ach was, warum muss sie mich auch gleich so anblaffen, Deine Frau Mutter», erwidert er verbockt, «ich denke gar nicht daran!» «Aber wir können doch die gute Beziehung zu den Großeltern nicht aufs Spiel setzen», gibt der 12-jährige Enkel zu bedenken. «Ach was», wehrt der Vater ab, «die sollen nicht so empfindlich sein!»

Die beiden Fronten sind aufgebaut – aus lächerlichem Anlass – und beginnen sich zu verhärten: Der Schwiegersohn will sich nichts vergeben, die Großeltern sind gekränkt und ziehen daraus eisern Konsequenzen: «Nie wieder!» Großmutter berichtet per Telefon ihren anderen Kindern brühwarm über das verabscheuenswerte Familienmitglied, was alle anderen Kinder und Schwiegerkinder herzlich freut. Sinkt die Gunst der einen Schwester, des einen Schwagers, steigt diejenige der oder des anderen. Mit Lust wird die Kränkung der Großeltern verstärkt. Wer Schuld hat, ist eindeutig, die Beleidigung offensichtlich. «Richtig, da geht Ihr nie wieder hin. Kommt lieber zu uns», wissen die anderen Geschwister.

Die nächsten Wochen vergehen damit, die empörende Geschichte in Kränzchen, beim nachbarlichen Schwatz, beim Cousinenbesuch zum Besten zu geben. «Nein, dieser Kurt – unmöglich! Und heimlich im Grunde auch: Nein, diese Beckmanns alle. Was nützen uns die Kinder dieses Wüterichs!»

Es entsteht eine Neigung zum Ausstoßen aus Gekränktheit, ein mehr oder weniger bewusster Versuch, sie alle fühlen zu lassen, was der Großmutter angetan worden ist, per Sippenhatz.

Das Testament wird geändert. Die Tochter wird auf den Pflichtteil gesetzt, die Wertsachen der Großmutter werden auf die Enkel der anderen Kinder umgeschrieben.

«Dorothee hat sich auch unkorrekt benommen», weiß der Großvater, «sie hätte ihren Mann zur Ordnung rufen müssen, statt stumm dabeizusitzen.»

«Und Jan, unser Jan», klagt die Großmutter schluchzend, «hat in diesem Jahr zum ersten Mal kein Osterbild gemalt.»

Jan meldet sich aber dennoch. Er fragt an, ob er die Großeltern in den Pfingstferien besuchen dürfe.

Die Großeltern sagen zu.

Jan trifft ein. Er hat gerade einen ziemlich großen Krach mit seinem Vater gehabt. Er hat sich nämlich heimlich hinter Vaters Lenkrad gesetzt und auf dem Hof eine kleine Runde gedreht. Dabei hat er dann aber gleich das Garagentor gerammt. Zur Strafe hat Vater ihm zehn Autowäschen in den Ferien verordnet und die Reise mit der Gruppe an die See im Sommer gestrichen. Begründung: Die Autoreparatur muss wieder eingebracht werden.

Jan ist wütend auf Vater. Zwar fühlt er sich schuldig, will das aber nicht zugeben. (Der Apfel fällt nicht weit vom Stamm.) Er besinnt sich auf seine lieben Großeltern und findet bei ihnen weit offene Ohren mit seiner Schilderung des grausam tyrannischen Vaters. Die Großeltern wissen noch viele andere alte Geschichten, die dem Sohn den zweifelhaften Charakter seines Vaters so recht ins Bewusstsein bringen. Der weiß nun, was er von seinem Erzeuger zu halten hat. Er schlürft die Hetze der Großeltern wie Honig; denn er steckt vor der Pubertät, er braucht die Distanzierung vom Vater – aber sie ist für ihn in dieser übertriebenen Weise gefährlich schädlich. Denn sie wird dem Vater nicht gerecht.

Müssen Familienkräche eine solche zerstörerische Dauerhaftigkeit entwickeln? Gibt es nicht doch Verhaltensweisen, die weniger Staub aufwirbeln? Dient es dem Leben und der Zukunft, Racheimpulse in uns zu nähren, so lange bis sie zu vielfältigen Beziehungsstörungen geführt haben? Diese Fragen sind leicht gestellt, lassen sich aber in der Praxis so schwer in einer konstruktiven Weise beantworten. Und dennoch ist es ganz gewiss besonders die Aufgabe von Großeltern, dem Geist der Vergebungsbereitschaft mehr Raum zu geben als dem der Vergeltung nach dem Prinzip: Aug' um Auge, Zahn um Zahn.

Wollen die Großeltern hier positiv wirken, sind sie grundsätzlich bereit, den Versuch zu machen, Beleidigungen und Verletzungen in der Tiefe ihrer Seele zu verzeihen, so lohnt es sich, zunächst immer erst einmal nach der eigenen Mitschuld zu fragen. Um am Beispiel zu bleiben: Gewiss, es steht außer Frage: Der Schwiegersohn hat sich ausfallend und sehr beleidigend gegen seine Schwiegermutter benommen und seine mangelnde Bußfertigkeit ist zusätzlich ein Zeichen von Schwäche und erhöht seine Schuld am Zerwürfnis.

Aber hat nicht die Schwiegermutter gerade seine Empfindlichkeit unbedacht und ungebührlich eingreifend gereizt? Gewiss, der Ausbruch des jungen Mannes ist ein Zeichen von bedenklicher Unbeherrschtheit; aber ist er nicht auch das Zeichen einer maßlosen Angst vor der Machtanmaßung seitens der Schwiegermutter und ist diese Angst vielleicht auch in der Tiefe ein wenig berechtigt? «Aus Angst macht der Tiger Angst», sagt ein chinesisches Sprichwort.

Können kluge Eltern nicht auch aus diesem «Gewitter» lernen, dass längst unerträgliche Spannungen in der Luft lagen? Wer nach solchen Familienkrächen in dieser Weise erst einmal das eigene Verhalten befragt, und zwar nicht nur das in der strittigen Situation, sondern im Gesamttenor, der hat viel mehr Chancen, einen versöhnlichen Weg einzuschlagen: Er erkennt dann nämlich auch seine eigenen Schwächen, seine eigenen Übertreibungen und Unverbesserlichkeiten; er kann sich eingestehen, dass er (natürlich meist nicht mit böser Absicht, sondern weil er eben so ist, wie er ist) Animositäten, Allergien bei seinen Nächsten hervorruft.

Wenn man die Reife besitzt, sich mit Gelassenheit einzugestehen, dass man selbst bei aller Bemühung und Liebe für die Familie dennoch auch manches Fehlerhafte, Beanstandenswerte an den Tag legt, so ist das eine Selbsterkenntnis, die viel positive Wirkung zeitigt. Haben kluge Großeltern dergleichen Einsichten, dann können sie einem ungehobelten und unbußfertigen Schwiegersohn innerlich viel leichter verzeihen.

Sie erkennen, dass er noch Zeit braucht, um so stark zu werden, dass er sich entschuldigen kann. Aber hauptsächlich fließt die großzügige Vergebungsbereitschaft aus einer Souveränität, die durch die Bereitschaft entsteht, zuzugeben, dass wir allesamt Sünder sind. Im idealen Fall ist es den Großeltern einige Zeit nach der überstürzten Abreise sogar möglich, einen Brief an Tochter und Schwiegersohn zu schreiben, in dem die Großmutter sich für Ihren Übergriff entschuldigt und der Großvater die Hoffnung ausspricht, dass sich Spannungen künftig mehr durch Einsicht und Aussprache als durch elementare Entladungen lösen ließen. Die Wahrscheinlichkeit ist groß, das dann zumindest ein erlöster Brief der Tochter die Antwort ist, in dem sie von Kurts einsichtiger Reue berichtet – ein Brief, der auch vom Wüterich mit unterzeichnet ist ... Wie befreiend sind solche Versöhnungen, und wie gefährlich, ja unmoralisch, ist es stattdessen, mit den Enkeln eine Gegenpartei innerhalb der Familie zu gründen.

O – Orientierung vermitteln

Kürzlich wurden gegen Schluss einer Tagung über Familienfragen einige Jugendliche aufs Podium gebeten. Der Moderator trat mit ehrerbietiger Miene vor sie hin und sagte, es hätte bei den Referaten der Experten ja darüber Uneinigkeit geherrscht, ob die Familie noch Zukunft habe.

Im fortschrittlichen Lager vor allem habe man sie doch wohl mehr für eine veraltete, überholte Einrichtung gehalten. Nun möchten sie, die Vertreter der jungen Generation, doch bitte ihren Richtspruch fällen; denn sie seien es schließlich, die darüber befinden müssten, in welcher Form sie sich die Gestaltung ihres Lebens vorstellten.

Damit war gewissermaßen mit viel Anbiederung an die Jungen die Einladung ergangen, der abgestandenen bürgerlichen Familie endlich den letzten Fußtritt ins morsche Gesäß zu versetzten. Aber wie erschraken die sich fortschrittlich dünkenden ältlichen Moderatoren, als die jungen Leute auf dieses verführerische Angebot nicht eingingen und sich nicht scheuten, ein Loblied auf ihre Familie zu singen.

Eine 17-jährige Schülerin erklärte: «Meine Eltern, vor allem aber auch meine Großeltern, sind mir große Vorbilder. Ich mache besonders in den beiden letzten Jahren Augen und Ohren auf, um mir abzugucken, wie sie das machen, weil ich mir wünsche, es mit meinen eigenen Kindern und Enkeln ähnlich zu machen wie sie. Es ist gar nicht so ganz einfach, herauszufinden, woran es liegt, dass sie uns so viel geben. Als Erstes ist das wohl darin begründet, dass man mit Fragen, Problemen, Sorgen einfach immer kommen kann. Nicht dass sie dann immer sofort Zeit hätten und alles stehen und liegen ließen – sie vergessen die Fragen aber nicht, sie kommen darauf zurück. Aber irgendwie ist es auch noch mehr, besonders bei meinen Großeltern, die mit uns im Haus in einer abgetrennten Wohnung leben.

Früher, als ich stricken lernte, im Grundschulalter, ging ich oft hinauf, weil mir die Wolle durcheinandergeraten war, und Großmutter bröselte mit mir zusammen die Fäden geduldig so lange wieder auf, bis ein geordnetes Knäuel daraus wurde. Oft ist das heute im übertragenen Sinn noch genauso: Ich gehe vor allem zu meinen Großeltern, wenn in meinem Geist irgendetwas durcheinander ist, wenn ich mit vielen verschiedenen Meinungen konfrontiert werde – in der Schule, beim Konfirmandenunterricht, in meiner Volleyballgruppe, durch eine Fernsehdiskussion oder in einer Auseinandersetzung mit meinen Brüdern.

Meine Großeltern können ganz großartig zuhören, alle beide, und es macht ihnen selbst richtig Spaß, mit mir über moderne Probleme zu sprechen. Kürzlich z. B. hatten wir uns in der Schule die Köpfe darüber zerrauft, ob man Gewalt anwenden dürfe bei Dingen, die man für richtig erkannt hätte, die aber von der Regierung nicht geändert würden. Ich wusste wirklich nicht, was Sache war. Sie haben mir an vielen anderen Beispielen deutlich gemacht, dass Gewalt immer neue Gewalt entstehen lässt, ja, dass das wie bei einer Sucht ist: Gibt man der Gewalt den kleinen Finger, so nimmt sie schnell mehr als beide Hände.

Aber sie blieben nicht bei dieser Ablehnung der Gewalt als Mittel zum Zweck: Sie haben mir gesagt, dass jeder mündige Bürger in einer freien Demokratie das Recht und die Pflicht hätte, gegen Missstände mit geistigen Mitteln zu kämpfen, sich zu Wort zu melden, sich zusammenzuschließen und sich mit legalen Mitteln für Verbesserungen einzusetzen, durch Verhandlungen und Proteste, nie durch Gewalt. Das wäre ein Rückschritt, und wir brauchten den Fortschritt. Ich habe allen Grund, mich an meine Großeltern zu halten. Nirgendwo kann ich so viel klare Orientierung bekommen.»

Verblüfft und flexibel bekannten sich die Veranstalter nach diesem enthusiastischen Plädoyer der Jugendlichen für ihre Großeltern zu der Einsicht, dass die Familie einen unaufgebbaren Stellenwert in der Gesellschaft habe.

Wie wünschenswert ist es in der Tat, dass Großeltern ihren Enkeln zu klaren geistigen Orientierungen verhelfen! Freilich können sie die Aufgeschlossenheit ihrer Enkel dafür nur erhoffen, wenn sie auch bereits in deren Kindheit im wahrsten Sinne des Wortes schon immer dabei geholfen haben, die Lebensfäden gelegentlich mit zu entwirren, ihren Enkeln nahe gestanden und für sie Zeit gehabt haben! Sonst kommen die Großeltern als Gesprächspartner in der Pubertät der Enkel gewiss gar nicht erst zum Zuge.

Es ist von unermesslichem Wert, wenn die Jugendlichen mit ihren Fragen nicht allein gelassen werden; denn das ist schließlich das Neue und für die Jugendlichen so oft Überfordernde an unserer Zeit: Man stellt die vielen verschiedenen Möglichkeiten der

Meinungsbildung vor sie hin wie das Riesenangebot eines Selbstbedienungsladens und fordert sie auf: Nun wähle! Wir gestehen Dir zu, ein Urteil zu haben; Du hast das Recht zu eigenen Entscheidungen. Aber die Voraussetzung zur Entscheidung heißt, die Gelegenheit zur Urteilsbildung gehabt zu haben. Und dies wiederum setzt Wissen und Erfahrung voraus. Aber sie sind im Jugendalter erst in Ansätzen vorhanden, die Spanne bewussten Lebens ist noch viel zu kurz gewesen.

Die Meinung kommt deshalb bei vielen Problemen nicht auf dem Boden eines echten eigenen Urteilsvermögens zustande, sondern ist Mitlaufen mit der Mehrheit des Modischen oder gründet sich auf einer partiellen Einsicht in den größeren persönlichen Vorteil. In keiner Zeit ist es nötiger gewesen, dass Großeltern ihren Enkeln auf dem Boden ihrer Lebenserfahrung geistige Orientierung vermitteln, als heute. Früher hielt sie die kollektive, oft ungeschriebene und unreflektierte Normvorschrift – heute, seit wir es den Jugendlichen bereits zubilligen, allein nach der eigenen Façon selig zu werden, brauchen sie dringend liebevolle Seelenführer.

Moderne, flexible, großzügige und einfühlsame Großeltern sind für diese Aufgabe ganz besonders geeignet; denn die Liebe zu ihren Enkeln kann ihnen die Möglichkeit ebenso zu freundlichem Zuhören wie zu gütiger, aber auch zäher und hart am Ball bleibender Geduld geben. Die Liebe kann es dabei schaffen, von den Enkeln nicht knicksende Übereinstimmung zu erwarten; liebevolle Großeltern verzweifeln nicht an der Uneinsichtigkeit, sie lassen sich nicht zu angstvollen Drohungen hinreißen, sondern sie setzen immer wieder neu an, wenn sie gefragt werden, und argumentieren mit den guten oder schlechten Erfahrungen der eigenen Lebensgeschichte ebenso wie der Weltgeschichte.

Freilich: Es gibt für die Enkel im Atomzeitalter keine andere Orientierung, die Hoffnung lässt, die kraftvoll bleibt, als die des christlichen Weltverständnisses. Nur die Großeltern, die ihren Enkeln durch Sein und Reden vermitteln, dass das Leben ein Auftrag von Gott ist und dass das Tun und Lassen des Menschen am Ewigkeitswert Liebe zu messen ist, können wirklich die Hoffnung haben, den verunsicherten Jugendlichen in den zentralen Fragen Orientierung zu geben.

Zu dieser Aufgabe gehört sehr dringlich auch die Aufklärung darüber, dass eine Sache nicht selbstverständlich dadurch gut wird, dass die Mehrheit der Gruppe, der man angehört, sie für richtig hält. Es ist zwar gelegentlich unumgänglich, seinen Widerspruch nicht allzu lautstark zu artikulieren, um nicht die Aggressionen aller auf sich zu ziehen und zu einem Objekt der Gruppenhatz zu werden; aber Großeltern können ihren Enkeln wertvolle Rückenstützung geben, indem sie ihnen die Einsicht vermitteln, dass es nicht sonderlich heldenhaft ist, einfach mit den Wölfen zu heulen und dann gar noch die Vorstellung zu haben, man sei besonders originell.

Dass es auch heute noch so etwas gibt wie Standfestigkeit, wie die Zivilcourage, für eine Wahrheit gerade zu stehen, auch gegen die Mehrheit der Gruppe, und dass ein solches Verhalten ein hoher Wert ist, weil es die Tugend Tapferkeit sichtbar werden lässt. Nicht nur in diesem speziellen Bereich, sondern sehr allgemein sollten es sich die Großeltern zur Aufgabe machen, ihren Enkeln zu verdeutlichen, wie sinnvoll es ist, wertbewusst zu leben. Und das heißt eben, nicht zuerst nach der eigenen Bequemlichkeit und dem eigenen Vorteil zu fragen, sondern verantwortungsbewusst vorrangig danach, ob es dem Guten, Aufbauenden dient.

Es steht den Großeltern an, ihren Enkeln davon zu berichten, dass die Früchte des Egoismus zunächst angenehm süß schmecken, oft aber bald darauf schal und bitter werden, während jenes Verhalten, das aus der Überwindung des Egoismus entsteht, zunächst meist sehr mühselig und wenig zweckmäßig erscheint, aber auf die Dauer mehr Zufriedenheit, innere Harmonie und Kraftzuwachs zur Folge hat.

Großeltern können diese Lebensweisheit anschaulich verdeutlichen, indem sie den Enkeln davon erzählen, mit wieviel höherem Glücksgefühl das mühselig Erarbeitete belohnt wird, z. B. das Mühen um eine schwere Ausbildung, das Sparen für eine geräumigere Wohnung, der Einsatz für Schwache und Hilfsbedürftige.

Sie können über ihre eigenen Erfahrungen in dieser Hinsicht berichten, über die Sackgassen, die falschen Vorstellungen und Handlungen ihrer jungen Jahre wahrheitsgemäß ebenso wie über die guten Früchte auf dem Boden einer Einstellung, die sich zum Leben von übergreifenden Werten überwand.

Aber nicht erst im Jugendalter ihrer Enkel sind Großeltern brauchbar, um ihren Nachkommen Orientierung zu vermitteln, schon vom Kleinkindalter ab gehört es zur guten Großelternschaft, den Enkeln ihre Grenzen aufzuzeigen und ihnen eine klare Unterscheidung von Gut und Böse vorzugeben. Großeltern sind dazu oft sehr viel besser geeignet als moderne Eltern, besonders solche, die dem Vermeiden jeglicher Einengung den Vorrang in ihrer Erziehung geben.

Dass es notwendig ist, den Nächsten in seinem Umfeld zu respektieren, ihn nicht zu beschädigen, ihm seinen Besitz nicht streitig zu machen, sondern ihm in gebührender Achtung zu begegnen, Rücksicht zu nehmen und sich nicht drängelnd allein in den Mittelpunkt zu stellen – diese Orientierung, die Einübung in Achtung vor den Menschen darstellt, sollte zur großelterlichen Aufgabe durch die gesamte Kindheit der Enkel gehören. Dabei ist es am nötigsten, diese Orientierung vorzuleben und sie den Enkeln im Umgang mit den Erwachsenen der alltäglichen Umwelt vorzumachen.

Aber es gehört auch das Grenzen setzende Nein, das mahnende und erläuternde Wort dazu – umso ausführlicher, je älter die Enkel werden: «Nein, Du kannst nicht auf den Sesseln von Großvater herumturnen, denn erstens sind das keine Turngeräte und zweitens werden sie davon schmutzig. Der Großvater hat lange gespart, bis er sich zwei davon kaufen konnte. Sie sind sein schönster Besitz, an dem er Freude hat. Er ist traurig, wenn sie zerstört sind. Wir haben den Großvater lieb, wir dürfen ihn nicht traurig machen.» Solche Worte verstehen schon Fünfjährige.

Bei den Zehnjährigen dürfen wir annehmen, dass sie bereits einen Satz mit folgendem Inhalt aufnehmen: «Die Sessel gehören Großvater. Sie gehören Euch nicht. Mit Dingen, die anderen Menschen gehören, muss man sehr sorgsam umgehen. Man kann nicht einfach so tun, als gehörten sie einem selbst. Du möchtest auch nicht, dass jeder mit Deinen Sachen lieblos umgeht.»

Eine Erziehung dieser Art ist selbst dann sinnvoll, wenn souveräne Großeltern es im Grunde gut aushalten könnten, wenn die Enkel ihr Mobiliar ruinieren. Aber sie sind für eine Orientierung der Enkel mitverantwortlich und es ist für die Kinder wesentlich schonender, sie werden von wohlmeinenden Großeltern ermahnt und zum Respekt erzogen, als dass das raue Leben ihnen später brutale Nasenstüber versetzt.

P – Pflegen

Wenn es auch nötig ist, dass weise Großeltern sich nicht voreilig ihrer Enkel bemächtigen – wie oft nötigt es ihnen das Schicksal dennoch auf, die Enkel ganz in ihre Pflege zu nehmen und sie bei sich aufzuziehen. Wie viele der heute 65-75-Jährigen entkamen als Kleinkinder nur dadurch den Schrecken von Bombenkrieg und Flucht, dass Großeltern sie fest unter ihre Fittiche nahmen, nachdem die jungen Eltern im Inferno des Krieges umgekommen waren.

Wieviele Menschen jenseits der Lebensmitte brachten hier noch einmal durch eine ungeheuerliche Leistung zäher Treue eine liebes- und leistungsfähige junge Generation hervor. Was für riesige Verdienste haben sich hier durch ihre unermüdliche Liebeskraft viele Frauen der Jahrgänge um die Jahrhundertwende als Großmütter der Nachkriegszeit erworben, die für ihre Enkel die Eltern zu ersetzen hatten! Oft waren die Mütter auch nicht umgekommen, aber sie blieben als Kriegerwitwen, als Alleinversorger der Familien zurück. Viele von ihnen begannen, außerhäuslich zu arbeiten, übernahmen also eher den Part des Vaters, während die Großmutter in die pflegende Rolle, die eigentliche Aufgabe der Mutter einstieg – und unter welch kümmerlichen Verhältnissen oft! In diesen Notzeiten zwischen 1940 und 1955 haben viele Großeltern Unermessliches für die junge Generation geleistet. Man sollte ihnen dafür ein Denkmal setzen!

Die Kinder, die in den harten Notzeiten in Deutschland in der Obhut ihrer Großeltern aufwuchsen, gerieten auch ziemlich durchgängig relativ gut, und es lässt sich daraus wohl der Schluss ziehen, dass die kargen Verhältnisse eine großelterliche Hauptgefahr verringerten: die Gefahr der Verwöhnung. Abgesehen davon schränkten die beengten Verhältnisse die Flexibilität der Menschen im Allgemeinen ein, so dass die Kinder in der Regel die durchgängige Gegenwart der betreuenden Großeltern genießen konnten.

Das aber ist ein Faktor, der bei der Entfaltung seelischer Gesundheit besonders wichtig ist. Seelische Verletzungen gab es in dieser Zeit eher einmal, wenn die pflegende Großmutter plötzlich starb und die Kinder danach allein in die Obhut ihrer Mutter gestellt wurden, die oft keineswegs die gleiche innige Beziehung zu ihren Kindern hatte, wie die pflegende Großmutter. Besonders Kinder, die gleichzeitig mit dem Tod der Großmutter einen Umgebungswechsel zu verkraften hatten, reagierten dann nicht selten mit einer reaktiven Depression.

Häufig sind in diesen Jahren bis ca. 1970 die Großmütter für ihre Enkel zu Hauptbezugspersonen geworden, wenn diese unehelich geboren wurden oder ungeplant früher zur Welt kamen als das junge Ehepaar es sich leisten konnte, bevor also das Nest für den Nachwuchs vorhanden, sondern erst durch die aktive Mitarbeit der jungen Mutter zu schaffen war. In ungezählten Fällen haben Großeltern in diesen Jahren die Pflege der Enkel gewissermaßen hauptamtlich übernommen.

Auch heute kommt das gelegentlich vor, wenn auch lange nicht mehr so häufig: Die Antibabypille und die Legalisierung der Abtreibung haben in den letzten 40 Jahren nicht nur einen starken Geburtenschwund zur Folge gehabt, sondern damit auch die Zahl der Enkel, die bei ihren Großeltern aufwachsen, drastisch absinken lassen.

Immerhin beteiligen sich bei den heute 5,6 Millionen erwerbstätigen Müttern ein erheblicher Teil von Großeltern bei der Versorgung ihrer Enkel. Manche Kinder werden noch heute – zum Teil sogar über Jahre – von den Großeltern in Pflege genommen. Diese sind im Allgemeinen besonders gut und liebevoll gepflegte Kinder. Harthörige Großeltern nämlich übernehmen eine solche verantwortungsschwere Aufgabe meist gar nicht erst. Es ist also von vornherein eine Auswahl besonders bemühter älterer Menschen, die sich zu dem Opfer entschließt, dem Enkel durch seine Kinderzeit hindurch Heimat zu geben.

Freilich ist die Großelternpflege zwei Gefahren ausgesetzt: Im Allgemeinen sind die Großeltern als die hauptamtlich Pflegenden ängstlicher als die Eltern. Sie tragen schwerer an der Verantwortung, ganz besonders, wenn ihnen der Enkel nur vorübergehend oder auch nur tagsüber überlassen ist und die Großeltern sich verpflichtet fühlen, den Enkel auf jeden Fall unbeschadet an die Eltern wieder abzugeben. Diese Situation wird von den Großeltern häufig als eine zusätzlich drückende Last erlebt und mit einer übertriebenen Sorgfalt um den Enkel beantwortet.

Ängstlichkeit dieser Art aber macht Kinder ängstlich. Sie übernehmen die sorgenvolle Angestrengtheit der Großmutter und werden selbst angestrengt besorgte Menschen. Oft entwickeln solche Kinder, die durchgängig die ersten Lebensjahre in der Pflege ihrer Großmutter zubrachten, einen zermürbenden Perfektionismus: So wie die Großmutter versuchte, den Enkeln eine perfekte, sie vor allem Unheil bewahrende Mutter zu sein, versuchen die Enkel vom Schulalter ab angstgetönt, perfekte Schulleistungen zu erbringen. Oft wird freilich die Ängstlichkeit von Verwöhntheit überdeckt und führt dann eher in eine Bequemlichkeitshaltung der so übermäßig Umsorgten. Von den Folgen der Verwöhnung soll in Kapitel P noch ausführlich die Rede sein.

Zur alltäglichen Pflege beruft das Schicksal die Großeltern auch, wenn die Eltern durch Unfälle oder Erkrankungen ausfallen. So merkwürdig das erscheinen mag: Oft ist die Übernahme dieser Aufgabe bei tödlichen Katastrophen für die Großeltern weniger komplikationsreich, als bei einem vorübergehend notwendig werdenden Einspringen. Das ganz harte Schicksal mindert den Widerspruch. Es zwingt die Kinder, sich, vom Schlag geduckt, in das Unabänderliche zu schicken.

Die nur vorübergehende Betreuung der Enkel bringt hingegen, wenn sie aus dem Säuglingsalter heraus sind, oft mehr Schwierigkeiten mit sich. In den beiden ersten Lebensjahren kann freilich die Trennung von der Mutter grundsätzlich komplikationsreich sein und sollte daher vermieden werden. Schon vom sechsten Lebensmonat ab ist es keineswegs selbstverständlich, dass der Enkelsäugling den plötzlichen Wechsel einfach akzeptiert, die Großeltern mögen ihn noch so lieben. Wenn sie dem Enkel nicht bereits sehr vertraut sind, empfindet er sie – entwicklungspsychologisch mit gutem Recht – als Fremde,

Falsche, als die nicht Richtigen. Kleinkinder wehren sich dann, indem sie zunächst die Nahrung verweigern, den Spinat in hohem Bogen durch die Gegend spucken und mit Aggressionen auf die Eindringlinge antworten. Großeltern sollte das nicht zu dem Fehlschluss verleiten, ihr Enkelkind lehne speziell sie ab. Von Kleinkindern, bei denen die Bindung an die Mutter geglückt ist, wird die Betreuung durch ihnen fremde Personen ohne jedes Bewusstsein archaisch als eine Bedrohung ihrer Existenz empfunden und mit Angst, Abwehr und Aggression beantwortet. Diese Signale des Säuglings sollten ernst genommen und nicht einfach übergangen werden.

Wenn aber sehr kleine Enkelkinder aus Not plötzlich in die Obhut ihrer Großeltern gestellt werden müssen, sollte man sie sorgsam und mit taktvoller Distanz umwerben, so lange, bis sie Vertrauen gefasst haben.

Weil gut gepflegte Kleinkinder eine so starke Bindung an ihre Eltern haben, ist es also besser, die Enkel nicht ohne Not plötzlich zu Großeltern zu verpflanzen, die sie bisher noch gar nicht kennen gelernt haben. Es ist leichtfertig, in den ersten drei Lebensjahren die Kinder bei den bisher fremd gebliebenen Großeltern abzugeben, etwa mit dem Enkelkind aus einem fernen Ort anzureisen, ihn bei den Großeltern gewissermaßen abzuwerfen, um allein Urlaub zu machen. Besser – aber bei Säuglingen auch nicht ratsam – ist es, wenn die Großeltern bei ihren Kindern hüten, damit die Säuglinge und Kleinkinder im gleichen Milieu verweilen können. Sind langwöchige Pflegephasen durch die Großeltern unumgänglich, so sollten sie mehrere Tage vor der Abreise der Eltern eintreffen, damit die Kinder ihre Großeltern kennen lernen und sich zunächst im Beisein der Mutter daran gewöhnen, von der Großmutter gefüttert, gewindelt und gebettet zu werden.

Trennungserlebnisse von der Mutter in den ersten beiden Lebensjahren können schwere Beeinträchtigungen hervorrufen, die sich oft lebenslänglich darin zeigen, dass Ängste durchbrechen, wenn der heimatliche Standort gewechselt werden soll. Kleinkinder, die zu viel reisen mussten, können später manchmal nie wieder mit Lust verreisen.

Auch ältere Enkel lassen sich häufig nicht einfach so selbstverständlich in die großelterliche Pflege übernehmen. Es kann unter Umständen ein verhängnisvoller Irrtum von Großeltern sein, anzunehmen, dass ihre Enkel ihnen ohne weiteres die Vertrautheit entgegenbringen, die die Großeltern vom ersten Schrei der Enkel an ihnen gegenüber empfanden. Großeltern, die fern von den Familien ihrer Kinder angesiedelt sind, sind für die Enkel zunächst so fremd wie irgendwelche andere Menschen auch. In das Vertrauen zu den Großeltern wachsen sie erst allmählich im Laufe ihrer Kleinkindzeit hinein – unter der Voraussetzung, dass sie die Großeltern häufiger einmal sehen und diese sich darum bemühen, den Enkeln zu der Erkenntnis zu verhelfen, dass sie ihnen näher stehen als andere Menschen, denen sie begegnen.

Grundsätzlich gilt: Der Mensch liebt mehr das Bekannte als das ihm Fremde; er ist nun einmal ein Gewohnheitstier, und das sogar dann, wenn die Gewohnheit gar nicht so sonderlich bekömmlich für ihn war. Selbst in dem traurigen Fall, dass Großeltern ihre Enkel zur Pflege übernehmen müssen, weil die jungen Eltern – aus welchen Gründen auch immer – in der Erziehung versagten und sie unzureichend versorgt wurden, kommen die Enkel einer sorgfältigen Pflege durch die Großeltern zunächst oft nicht mit Dankbarkeit und Glücksgefühlen entgegen. Meist haben Kinder dennoch Heimweh – selbst nach schlechten Eltern! Sie müssen in dem großelterlichen Umfeld neu verwurzelt werden. Dazu gehört viel Takt, viel Geduld, viel ungekränkte Unermüdlichkeit.

Widerborstiges, aggressives Verhalten der Enkel in den ersten Wochen sollte im Wissen um diese Zusammenhänge so weitgehend wie möglich still übergangen werden. Kein Gärtner käme auf die Idee, einen jungen Baum, den er verpflanzt hat, nachdem er schon ziemlich fest eingewurzelt war, zusätzlichen Belastungen auszusetzen. Er muss zunächst viel begossen und beobachtet, gut gedüngt werden. Erst wenn die neue Verwurzelung gelungen ist, wird man ihm eine selbstverständliche Einpassung in seine Umgebung ohne besondere Beobachtung und Mühewaltung zumuten.

Mit den Enkelkindern, die unversehens von den Großeltern übernommen werden müssen, ist das genauso. Auch das aktive Erziehen sollte eine Weile pausieren, bis das Kind sich vertrauensvoll in der neuen Situation zurechtgefunden hat.

In den relativ häufigen Fällen, in denen die Großeltern lediglich die Tagespflege für ihre Enkel übernehmen (meist weil die Mutter der Kinder außerhäuslich berufstätig ist), kommt es übrigens oft zu einer interessanten Umkehr in der erzieherischen Haltung: Weil die Großmutter die Mutterrolle innehat, benimmt sie sich eher auch mutterähnlich: Der Alltag nötigt ihr ein mehr erzieherisches Verhalten mit mancherlei Versagungen ab, während die nur am Abend und am Wochenende anwesende Mutter sich eher erlauben kann, den Kindern zu gewähren, was sie wünschen.

Oft wird den Großmüttern, die die Hauptlast tragen, leider durch ihre mit ihrem Erziehen unzufriedenen Töchtern oder Schwiegertöchtern großes Unrecht angetan; denn kritisieren ist leicht, besser machen aber sehr viel schwerer!

Großeltern, die sich darauf eingelassen haben, am Tage für ihre Enkel die Eltern zu ersetzen, sollten sich zwar nicht bei jeder kritischen Bemerkung der Heimkehrer in den Schmollwinkel treiben lassen; aber sie sollten auch darauf bestehen, nicht allabendlich in verletzender Weise abgekanzelt zu werden. Es wäre viel aufbauender, in humorvollem Tenor, der mit gegenseitiger Achtung und Liebe durchsetzt ist, ein abendliches Beratungsgremium um den optimalen Erziehungsstil oder um ein einzelnes Problem mit den Enkeln zu bilden.

Besonders Mütter und Töchter sollten sich vornehmen, in solchen Situationen nicht ruppig und verletzend miteinander umzugehen. Die Tagespflege der Enkel ist eine schwierige Aufgabe. Großeltern sollten sie nicht ohne Not übernehmen. Aber wenn diese Situation gegeben ist, braucht es besonders viel Takt, besonders viel Behutsamkeit bei der Erörterung um konkrete Erziehungsfragen. Von großer Wichtigkeit ist es, dass die Tagerzieher und die Nachtbetreuer sich auf den ausgewogenen Erziehungsstil eines guten Mittelmaßes einigen. Sie sollten sich klar machen: Uneinigkeit, Boykott, Zerstrittenheit, das Wechselbad der Extreme im Erziehungsstil schaden denen, um die sie sich mit so viel Anstrengung kümmern: ihren geliebten Nachkommen.

Zu besonders großen Problemen kommt es nicht selten, wenn die Tagespflege der mit im Haus lebenden Großmutter vom Lebensanfang des Säuglings an ausgeführt wird. Wenn das kleine Kind liebevoll vornehmlich von seiner Großmutter betreut wird, bindet es sich auch mehr an sie. Sie ist eben die Beste. Manche junge Mutter kann das aber seelisch nicht verkraften. Und so beginnt ein zermürbender Kampf zwischen Mutter und Tochter, bzw. Schwiegertochter.

Eine berufstätige Mutter schilderte mir das so: «Als unsere Isa geboren wurde, beschlossen wir zu dritt, dass ich weiter berufstätig bliebe und meine nebenan wohnende verwitwete Mutter die Pflege ihrer Enkeltochter übernehmen würde. Wir hatten uns mit der Wohnungseinrichtung hoch verschuldet und so hielt ich meine weitere Berufstätigkeit auch für unumgänglich und vernünftig.

Den halbjährigen Mutterschutz gab es damals noch nicht. Ich fing deswegen gar nicht erst an zu stillen und meine Mutter fütterte, windelte und badete das Kind dann auch bald, nachdem ich mit Isa nach Hause zurückgekehrt war. Sie sollte sich schließlich an das Kind gewöhnen.

Zunächst hat mir das auch nichts ausgemacht. Ich war noch ein wenig geschwächt durch die nicht ganz leichte Geburt. Ich genoss es, eine so liebevolle und sorgsame Pflegerin zu haben, die mir auch zu störungsfreien Nächten verhalf; denn das Kind schlief im Schlafzimmer seiner Großmutter.

Aber schon vier, fünf Monate nach Isas Geburt spürte ich, dass es mich oft geradezu mit einem Stich durchfuhr, wenn wir zu dritt zusammen waren: Isa fing auf *meinem* Arm an zu schreien, wenn Mutter einmal nach draußen ging! Isa lächelte Mutter viel mehr zu als mir; Isa streckte die Arme jauchzend nach ihrer Großmutter aus. Mich tolerierte sie nur. So hatte ich mir das nicht gedacht! Ich begann, um die Liebe meiner Tochter zu kämpfen. Das Bett wurde in unser Schlafzimmer gestellt. Ich gab dem Kind morgens die erste und abends die letzte Mahlzeit. Aber merkwürdig: Das brachte nicht die entscheidende Wende.

Als Isa laufen und sprechen konnte, fragte sie selbst an den Wochenenden, wenn wir endlich einmal ein richtiges Familienleben führen wollten, schon gleich nach dem Frühstück: ‹Wo ist Oma?› Und die war dann meist auch nicht fern, sondern trat gewissermaßen per Knopfdruck auf den Plan. Seligkeit und Einigkeit zwischen Großmutter und Enkelin! Verbitterung, Wut stiegen in mir hoch. Eines Samstagmorgens hielt ich es nicht mehr aus und schrie sie an: ‹Kannst Du uns nicht wenigstens am Wochenende in Ruhe lassen?›

Meine Mutter setzte Isa, mit der sie gerade auf ihrem Arm schäkerte, sofort ab und verließ stumm den Raum. Isa wollte sofort hinterher und ich brüllte ihr zu: ‹Du bleibst gefälligst hier!›

Isa konterte: ‹Ich geh' zu Oma!›

Mein Mann verschloss die Tür und steckte den Schlüssel in die Tasche. ‹Willst Du wohl Mama gehorchen!›, sagte er streng.

Isa warf sich stattdessen auf die Erde und brüllte eine halbe Stunde lang.

Das Telefon läutete. Meine Mutter fragte von nebenan telefonisch: ‹Warum schreit das Kind denn so?› Ich knallte den Hörer auf die Gabel.

Als wir mit den Nerven am Ende waren, holte mein Mann Isa unter dem Tisch hervor und versohlte sie auf ihren windelgepolsterten Hintern.

‹*So* doch nicht!›, schrie ich nun auch noch meinen Mann an und entriss ihm das Kind. Aber das machte sich steif, entwand sich meinen Armen und brüllte weiter.

Das ganze Wochenende war verpatzt. Wir nahmen zwar unser Kind und fuhren weg; es schlief denn auch im Kindersitz mit einem verschmierten Schokoladenmund ein – aber gebracht hat es alles nichts. Ich spürte, dass hier etwas Furchtbares auf mich zukam: Ich war im Begriff, mein Kind an seine Großmutter zu verlieren.

Wie ändern? Die Schulden waren nun zwar weitgehend getilgt, aber sollte ich meinen Beruf nur des krötenhaften Benehmens meiner Tochter wegen aufgeben? Das wollte ich nicht. Und so blieb alles beim Alten.

Ich merkte aber bald, dass ich meine Kraft überschätzt hatte: Immer häufiger benahm ich mich gegen meine Mutter ungerecht und gereizt. Sie tat von sich aus alles, um mich von dem Kind nicht zu entfremden. Sie verstand mich offenbar besser als ich mich selbst. Sie kam nicht mehr von sich aus, um Isa abzuholen; sie wartete, bis ihr Dienst notwendig wurde. Sie hatte sofort aufgehört, sich einzumischen, als sie merkte, dass mich das reizte. Und sie blieb trotzdem freundlich. Sie ist wirklich eine ideale Großmutter; aber gerade das hielt ich eben nicht aus. *Ich* war eben keine ideale *Mutter;* Isas Verhalten zeigte mir das ganz unmissverständlich.

Ich begann, für meine Familie unerträglich zu werden. ‹Ich höre mit dem Beruf auf›, sagte ich zu meinem Mann.

‹Was soll das denn helfen?›, erwiderte er, ‹glaubst Du, Isa würde dann den ganzen Tag auf Deinem Schoß sitzen? Sie liebt ihre Oma nun einmal mehr als Dich. Das musst Du eben ertragen.›

Aber das halte ich nicht aus, wirklich nicht, ich habe es wieder und wieder versucht. Wir wollen auch gern noch ein zweites Kind haben; aber dies schaffe ich nicht noch einmal. Es macht mich ja schon bei Isa fix und fertig. Bitte helfen Sie mir!» bat die Mutter verzweifelt.

Die junge Mutter hatte nicht gewusst, dass sich Kinder an die Person binden, von der sie im ersten Lebensjahr gepflegt werden. Und sie hatte auch zu wenig bedacht, dass der eigene Besitztrieb, mit dem Pflegetrieb vermischt, oft größer ist als die selbstlose Liebe des Menschen. Die Stärke dieser Triebhaftigkeit bescherte ihr eine innere Zerreißprobe, die auch für das Kind zu einem es gefährdenden Kreidekreis wurde. Isa hatte nach dem Transport ins elterliche Schlafzimmer ein nächtliches Aufschreien entwickelt. Sie träumte einen Angstraum immer wieder: Eine riesige Katze mit glühenden Augen kommt geschlichen, hebt ihre Pranke und kratzt ihr mit ihren Krallen mitten ins Gesicht ... Isas Unbewusstes fürchtete also bereits den Anspruch ihrer Mutter. Sie erlebte ihn als einen räuberischen Übergriff. Und es enthält eine tiefe Wahrheit, dass diese Angst in Tiergestalt erscheint: Dieser mütterliche Anspruch kommt mehr aus dem tierhaften als aus dem menschlichen Sein ihrer Mutter.

Und dennoch lässt sich das Tier im Menschen nicht einfach verscheuchen. Es lässt sich auch nicht wegreden. Diese Mutter hat durchaus erkannt, dass es für alle besser wäre, nicht eifersüchtig auf die Großmutter ihrer Tochter zu sein. Sie war es aber gegen den eigenen Wunsch nach Besserung dennoch!

Das lag zu einem großen Teil daran, dass die junge Frau die seelische Kraft und Reife zur Abgabe des Kindes noch nicht besaß. Müttern von kleinen Kindern wird sie natürlicherweise auch noch nicht abgefordert. Die Größe dazu wächst den Müttern meist erst allmählich zu. Zunächst ist die enge Bindung an sie mit Vorrang vor allen anderen Personen biologisch notwendig, und deshalb existiert bei seelisch gesunden Müttern auch das Bedürfnis danach.

Nachdem ich der jungen Frau diese ihr nicht im Bewusstsein stehende Einsicht vermittelt hatte, kam sie selbst auf die Lösung: nach der Geburt eines zweiten Kindes ihren Beruf aufzugeben und ihre «Selbstverwirklichung» als Mutter zu leben. Ich unterstützte diesen Entschluss, zumal ich der Mutter tröstend verheißen konnte, dass die enge Mutter-Kind-Beziehung, die ihre Tochter Isa der Großmutter gegenüber entwickelt habe, sich gegen Ende der Kleinkindzeit allmählich verliere, so dass sie dann mehr Aussicht habe, das Kind mehr für sich zu gewinnen.

Zwei Jahre später berichtete die junge Frau von ihrer geheilten Situation: Eine zweite Tochter war geboren und voll von der Mutter gestillt worden. «Was habe ich mir bei Isa entgehen lassen!», sagte sie bedauernd-glücklich. Isa – nun bereits fünfjährig – hatte sich zunehmend mehr zur Mutter mit dem Baby hingezogen gefühlt und – nach einer Eifersuchtskrise, die mit Sachverstand durch gelegentlich ausschließliche Zuwendung zum älteren Kind bewältigt wurde – viel selbstverständlicher ihren Eltern angeschlossen.

Die Großmutter und ihre Tochter lebten seither in einer entspannten Beziehung. Die Großmutter war glücklich, nicht noch einmal für einen zweiten Enkel die strapaziöse Kleinkindzeit durchstehen zu müssen, sondern auch einmal wieder eigenen Interessen nachgehen zu können und weniger angestrengt das Glück im Nachbarhaus mitzugenießen.

Q – Quengeleien abweisen

«Omi», erschallt eine fordernde Kinderstimme mit Nachdruck und wiederholt noch einmal, nun schon ärgerlich, ja empört, «Omi, Omi!» Das fünfjährige Kind steht vor einem Stand mit Bonbons in einer Bahnhofshalle. Eine ältere Frau, offenbar die Angerufene, löst sich aus dem Strom der Vorübergehenden, wendet sich zurück und der Enkelin zu. Diese zeigt nur befehlend auf eine der Bonbonbüchsen. Die Großmutter schüttelt den Kopf, nimmt das Kind an die Hand, sagt etwas Beschwichtigendes. Plötzlich reißt sich das Kind von der Hand los, wirft sich auf den Boden, brüllt, dass der Bahnhofstunnel widerhallt. Die Großmutter versucht, es fortzuziehen. Das Kind strampelt; ein gut gezielter Tritt seines Fußes landet gegen ihr Schienbein. Gebrüll. Die Passanten werden aufmerksam, vorwurfsvolle Blicke treffen die ächzende Frau. Ein alter Mann schüttelt den Kopf.

Die Großmutter kehrt um. Sie holt ihr Portemonnaie hervor. Das Gebrüll verstummt. Die Großmutter kauft Bonbons, und einen, den obersten in der Tüte, darf Beate gleich in den Mund stecken.

Arme Großmutter! Sie hat eine Beschämung in der Öffentlichkeit durch Nachgeben gegenüber den Quengeleien der Enkelin abgekürzt, aber sie hat den Keim zu einer weiteren Kette quälerischer Quengeleien gelegt; denn die Enkeltochter hat – und vermutlich heute nicht zum ersten Mal – die Erfahrung gemacht: Großmutters Widerstand lässt sich durch hartnäckiges Quengeln lahmlegen, Omi ist besiegbar.

Diese Erfahrung erzeugt Machtgewissheit; und diese lässt in der Enkelin eine hartnäckige Fähigkeit entstehen, in den Forderungen unnachgiebig zu bleiben – koste es auch an lautstarker Quengelei, was es wolle.

Großeltern, die dem Quengelgeist in ihren Enkeln erst einmal den kleinen Finger gegeben haben, müssen damit rechnen, dass er mehr will als die ganze Hand, so dass das Leben mit den ansprüchlerisch gewordenen Kindern in einem zunehmenden Maße unerfreulich wird; nicht nur für die geplagten Großeltern allein, sondern auch für die so Fehlerzogenen, die von einem jaulenden Maulen ins andere fallen und schließlich keinerlei Nein mehr hinnehmen können. Eine noch so seltene Verweigerung durch den Großvater wirkt auf sie ähnlich wie ein Weltuntergang.

Unnachgiebigkeit in den Dingen, die den Enkeln schädlich sind, die von den Großeltern als unnötig oder unsinnig angesehen werden, ist unbedingt nötig, um sich das Leben mit den Enkeln nicht zur Hölle zu machen. Das gelegentliche Nein gehört grundsätzlich unaufgebbar zum Erziehen von Kindern. Quengeleien als kindliche Taktik zur Überwindung der Verweigerung sind eine Folge des großelterlichen Fehlers, das Nein im Nachhinein und unter dem Druck des Enkels in ein seufzendes Ja zu verwandeln.

Besonders schwer ist es, den Quengeleien von Enkeln standzuhalten, wenn sie von den Großeltern etwas zu bekommen hoffen, was die Eltern ihnen abschlugen. Berechtigter Ärger von Tochter oder Schwiegertochter entsteht z. B., wenn das Kind bei Tisch schlecht gegessen hat, aus Schlamperei zu spät kam, sich bei Tisch absichtlich aufreizend unappetitlich benahm und die Eltern beschlossen hatten, das Essen abzuräumen, bevor das Kind satt wurde, und ihm zu bedeuten, dass am Abendbrottisch Gelegenheit wäre, die Scharte wieder auszuwetzen.

Nur allzu oft bleiben berechtigte Erziehungsversuche dieser Art auf der Strecke, wenn das Kind eine gegen Quengelei anfällige Großmutter in der Hinterhand hat. Der mangelnde Appetit von Kindern, ihr wählerisches Herumstochern in kostbaren und liebevoll angerichteten Speisen wird sich einschleifen, wenn sie wissen: Ich brauche nur hinterher bei Großmutter aufzukreuzen und sie wird mir kredenzen oder bruzzeln, was mein Herz begehrt: schönes Appetit verderbendes Lakritz, Schokolade, Gummibärchen, Eis oder Pommes frites. Solche großelterlichen Handlungen haben nichts mit Liebe zu tun; sie sind Schlimmeres als ein wenig Boykott gegen die elterlichen Bemühungen. Sie vermitteln den Heranwachsenden erstens die unbekömmliche Erfahrung, dass man mit krummen Touren bequem zur Realisierung seiner Wünsche zu kommen vermag und zweitens, dass es die Möglichkeit gibt, Menschen gegeneinander auszuspielen, ja, dass es drittens eine ganz normale Sache ist, Menschen in den Dienst der eigenen Zwecke zu stellen und dabei Bündnistreue zu missachten und zu verraten.

Um das Züchten von Unmoral dieser Art zu vermeiden, ist eine sehr gute Zusammenarbeit von Eltern und Großeltern Voraussetzung. Töchter und Schwiegertöchter sollten sich nicht schämen, die nebenan wohnende Großmutter (vielleicht per Telefon) rasch zu informieren, was sie erwartet, wenn das Enkelkind gleich zur Tür hereintritt. Manchmal genügt die Verabredung eines Codewortes, das der Großmutter signalisiert, dass der Michael wieder einmal beim Essen Theater gemacht hat und auf die großelterliche Futterkrippe auszuweichen gedenkt. Das ist besonders dann angebracht, wenn die Großeltern im gleichen Haus wohnen, bei der Auseinandersetzung aber nicht anwesend waren und für eine längere Information über den Vorgang in Abwesenheit des Kindes keine Gelegenheit vorhanden ist.

Etwa so: Mutter sieht ihren Michael nach der Auseinandersetzung bei Tisch im Flur gerade noch in Großmutters Küche verschwinden. Es reicht, wenn sie nur den Kopf zur Tür hineinsteckt und freundlich verschmitzt ruft: «Hallo, Mutter, alles okay?» Okay ist aber das verabredete Codewort und bedeutet: Pass auf, jetzt wird Dein Herr Enkel dazu ansetzen, seine Großmutter zu manipulieren!

Liebende Großeltern stopfen ihre Enkel dann nicht mit Schokolade voll, sondern beschäftigen sich mit ihnen. Sie geben ihnen durch Zuwendung Trost, ohne die elterliche Maßnahme zu unterlaufen.

R – Rat geben

Mit dem Ratgeben von Mensch zu Mensch in persönlichen Dingen ist es grundsätzlich eine heikle Sache. Es kann nur allzu leicht eine vorschnelle Manipulation zur Fremdbestimmung sein. Jeder hat seinen eigenen Weg in diesem Leben. Der gleiche, für den einen erfolgreiche Weg, ist für den anderen noch lange nicht der richtige. Liebevolle Ratgeber versuchen eher, in der Gemeinschaft mit dem Ratlosen zu ertasten, was wohl für ihn das Richtige sein möge, als ihm durch Ratschlag nach Ruck-Zuck-Manier seine Vorstellung über das Richtige aufzunötigen.

Wieviel mehr dieser Grundsatz bei den Ratschlägen der Großeltern an die Kinder und Kindeskinder gilt, ist nicht nur zufällig im Eingangskapitel dieser Schrift behandelt worden. Vor der Bereitschaft zum Ratgeben muss der Wille zum Abstand, zum taktvollen Bemühen, den jungen Familien ihren eigenen Stil, ihren eigenen Luftraum zuzubilligen, stehen. Die Gefahr des unzulässigen Übergriffs muss auch im Hinblick auf das Ratgeben jederzeit fest im Bewusstsein mitdenkender Großeltern stehen.

Aber unter der Voraussetzung, dass dies als eine immer lauernde Gefahr in der großelterlichen Moral fest verankert ist, darf, nein *muss*, auch bei lebenswichtigen Angelegenheiten der Mut zum nachdrücklichen Rat vorhanden sein.

Unsere Zeit neigt im Praktizieren der Existenzphilosophie häufig in einer übertriebenen Weise dazu, Unentschiedenheit zu vergötzen. Das liegt daran, dass die Existenzphilosophie die Vielfältigkeit der existenziellen Möglichkeiten, das Relative und voneinander Abhängige der Phänomene in den Vordergrund gehoben hat. Gewissheit von Lebenszielen, Entschiedenheit der Orientierung, Klarheit von Standpunkten wurden dadurch als Gefährdung zu manipulatorischer Fremdbestimmung verdächtigt. Das hatte aber eine Verabsolutierung des Relativen zur Folge, die zu einer liberalisierten Philosophie der freien Wahl, des freien, vielfältigen Angebots führte, die in der Pädagogik ein gefährliches Vakuum verursachte, nämlich Orientierungslosigkeit der zur Unzeit und unerfahren vor die Wahl gestellten jungen Menschen.

Verantwortungsbewusste Großeltern dürfen in diesem Trend nicht einfach unreflektiert mitlaufen; denn Ratgeben gehört zu ihrer Kernaufgabe. Sie haben ja auf den Wegen ihres Lebens im wahrsten Sinne des Wortes erfahren, wo die Fallgruben lauern, wo die Sümpfe liegen, aus denen es keine Rückkehr gibt, wo die Sackgassen sind, die den Menschen schließlich zwischen zwei Felswänden einklemmen, wie es im Märchen «Das Wasser des Lebens» eindrucksvoll dargestellt ist.

Es ist verantwortungslos und schlimm lieblos, grundsätzlich schulterzuckend zu sagen: Die Jungen müssen eben ihre Erfahrungen selbst machen. Großeltern sind schließlich immer Überlebende, mit knapper Not irgendwelchen kollektiven oder persönlichen Gefahren Entronnene – im vergangenen 20. Jahrhundert ganz besonders –, sie haben die Pflicht, durch guten Rat zu verhindern, dass ihre Enkel zu den vielen in jeder Generation gehören, die auf der Strekke bleiben. Auf einem anderen Blatt steht die Frage, wie der unumgänglich notwendig werdende Rat so zu übermitteln ist, dass die Chance besteht, dass er angenommen wird, besonders in den Fällen, in denen die Großeltern nicht angesprochen werden, weil Kind und Kindeskinder die Vorstellung hegen, eines Rates nicht bedürftig zu sein.

Je wichtiger der Rat ist, umso notwendiger ist eine solche Überlegung. Es hat keinen Sinn, mit der Tür ins Haus zu fallen, drohend, moralisierend, mit erhobenem Zeigefinger in Aktion zu treten. Es wäre zwar sicher für die Jungen gut, sie könnten die Ungeschicklichkeit des großelterlichen Vorgehens übersehen, sie als Zeichen der besorgten Liebe verstehen und sich allein an die Substanz der Aussage halten, statt durch die Form des Rates absoluten Widerstand zu entwickeln – aber diese Reife und diese Einsicht fehlen den Jungen eben häufig noch.

Über eine angemessene, sorgsame Taktik im Geist der Liebe nachzudenken, ist deshalb meist dringlich. Die Chance, dass der wichtige Rat angenommen werden kann, ist erstens umso größer, je mehr sich die Großeltern bei unwichtigen Kleinigkeiten zurückhalten. Die Angst vor der großelterlichen Machtergreifung ist dann nicht vorhanden und tritt nicht zur Abwehr der Einmischung als eingeschliffener Mechanismus auf den Plan.

Als Zweites lässt sich der notwendig werdende wichtige Rat oft besser schriftlich vorbringen als mündlich. Er sollte ohnehin nach gründlicher Überlegung gegeben werden; er muss aber auch durch plausible Argumente unterstützt werden. Der Rat muss gut begründet sein und es muss auch ausgesprochen werden, dass die Großeltern sich aus Liebe und Verantwortungsgefühl überwunden hätten, ihren Grundsatz der Zurückhaltung hier ausnahmsweise einmal zu durchbrechen.

Natürlich kann der schriftlich gegebene Rat für manche Problemlösungen nicht der angemessene Weg sein. In einigen Fällen kann im Gegenteil gerade eine beiläufige Bemerkung der richtige Einstieg sein, speziell bei horchbereiten Kindern und Enkeln. Oft kann die Form der En-passant-Bemerkung leichter bewirken, dass der Angesprochene nachfragt und mehr wissen will über die großelterliche Meinung.

Wichtig ist es, dass die Großeltern betonen: Wir halten uns gewiss nicht für allwissend; wir meinen auch nicht, dass Ihr als unsere Nachkommen sklavisch tun solltet, was wir für richtig halten; aber wir haben auf dem Boden eigener Erfahrung oder auch eigener Informiertheit und fachlicher Kompetenz die Vorstellung, dass es Euch zum Segen gereichen würde, dies oder das so oder so zu tun.

Zum Beispiel haben viele Großeltern die Erfahrung gemacht, wie wenig Kinder eine im Hause anwesende Mutter entbehren können. Sie haben dieses Urteil, oft ohne die vorhandene wissenschaftliche Untermauerung zu kennen, durch ihr eigenes Tun und Lassen, durch ihr Vergleichen und Beobachten gewonnen. Nun erleben sie, dass die jungen Töchter und Schwiegertöchter ihr eigenes Familienleben mit der linken Hand planen. Nach der Sechs-Monatsfrist beim Baby daheim wollen sie wieder in ihre außerhäusliche Berufstätigkeit einsteigen und das Baby zunächst bei Tagesmüttern, dann in Krabbelstuben, schließlich in Kindertagesstätten unterbringen – und das häufig nicht, weil der Beruf ihnen so wichtig ist, sondern um zu einem ihnen erstrebenswerten Lebensstandard zu kommen, oder um der Einsamkeit und Eingeschlossenheit der Mietwohnungen zu entgehen.

Großelterlicher Rat kann hier unter Umständen helfen, eine Weiche zu stellen, die viel späterer Not mit den Enkeln vorbeugt. Ein kompetenter Rat kann hier umso größere Wirkung haben, je mehr Phantasie die Großeltern entfalten, um der jungen Frau zu helfen, mit Freude eine glückliche, daheim bleibende Mutter zu werden. Materielle Unterstützung kann hier ebenso wirksam sein wie ein Vermitteln der Einsicht in den riesengroßen Wert, den die Treue der Mutter nicht nur für das Kind, sondern für alle hat.

Nicht nur Informationsmaterial über die Spätschäden bei nicht muttersatt gewordenen Kindern sollte bei dieser Problematik vermittelt werden, sondern die jungen Mütter sollten von den Großeltern vor allem die Zusicherung des Rückhalts in traurigen Zeiten erfahren; denn manche jungen Mütter kehren lediglich in den Beruf zurück, weil sie das Aufgeben ihrer finanziellen Unabhängigkeit (nur allzu oft mir Recht!) als eine Unsicherheit erfahren, vor der sie zurückschrecken. Großelterliche Zusicherungen (an die Töchter, ja manchmal und wirkungsvoller noch an die Schwiegertöchter) können dem Rat, bei den Kindern daheim zu bleiben, zur Realisierung verhelfen.

Von großer Bedeutung kann auch der großmütterliche Rat an die Töchter sein, ihre Säuglinge zu stillen.

Manche Großmütter haben ihre Kinder noch genährt und besitzen darin Erfahrung, die sie ratend vermitteln können. Sie haben auch per Vergleich erlebt, dass voll gestillte Kinder im Allgemeinen besser gedeihen – und diese Erfahrung entspricht den internationalen Forschungsergebnissen von Kinderärzten.[7] Großmütter sollten aber so wendig sein, ihre eigene Erfahrung durch die neuen und doch sehr verbesserten Bemühungen um eine hundertprozentige Stilltechnik anzureichern. Sie sollten ihren schwangeren Töchtern und Schwiegertöchtern diese vorzüglichen Anleitungen schenken[8] und ihnen verdeutlichen, wie sehr sie durch ein natürliches Verhalten die seelische Gesundheit der Enkel im Erwachsenenalter bereits in ihrer ersten Lebenszeit in einem außerordentlich hohen Maß vorbereiten können.

Diese Beispiele sollen aber lediglich andeuten: Lebenswichtiger Rat darf nicht aus Taktgefühl unterdrückt werden. Es gibt grundsätzlich das Faktum der Schuld durch Unterlassung. Es bedeutet nicht Fortschritt und Weisheit, notwendige Warnungen vor umfänglichen Fehlern, die unter Umständen Unglück und Elend hervorrufen, ungesagt zu lassen. Es ist eine unzulässige Selbsttäuschung, die verabsolutierte Nichteinmischung der Großeltern für Souveränität und Fortschritt zu halten. Sie ist oft nichts weiter als Feigheit und Bequemlichkeit, eine bemäntelte Gleichgültigkeit, die letztlich auf einem Mangel an Liebe beruht. Notwendigen Rat nicht zu geben, notwendige Warnungen nicht auszusprechen, ist unterlassene Hilfeleistung. Wenn die negativen Folgen dann eintreten, haben die Kinder und Enkel Berechtigung zu dem Vorwurf: «Aber warum habt Ihr uns denn nicht gesagt, was dabei herauskommt! Euch war das damals doch bereits klar!»

Und natürlich wäre auch umgekehrt der gleiche Vorwurf der Großeltern an die Adresse von Kindern und Enkeln berechtigt: «Wir haben Euch auf dem Boden unserer Erfahrung doch so herzlich gebeten, unseren Rat anzunehmen. Es ist doch eine ebenso traurige wie konsequente Wahrheit, dass der, der nicht hören will, fühlen muss. Wir hätten Euch das so gern erspart» – (aber diese Retourkutsche ist wenig konstruktiv und deshalb ist es ratsam, sie zu unterlassen). Freilich gehört es zur Weisheit der Großeltern, selbst die Harthörigen dann weiter anzunehmen und ihnen aufhelfen zu suchen.

Es gibt schlimmerweise auch Menschen in der älteren Generation, die das Ratgeben nicht aus Prinzip ablehnen, sondern aus der Unfähigkeit, überhaupt etwas Selbsterworbenes abgeben zu können. Das sind die im Grunde seelisch «armen» Menschen, die unbewusst fürchten, sich zu entleeren, wenn sie mit anderen teilen. Das Mit-teilen einer Erfahrung, einer Information fußt schließlich, wie das Wort mit Recht ausdrückt, auf einem Vorgang des Teilens.

Das sind die verschlossenen, schmallippigen, karg knöchernen Alten, die das Geheimnis ihrer Kochkunst lieber mit ins Grab nehmen, als es einer lernfrohen Enkelin zu vermitteln. Das sind die steinharten Großväter, die mit einem kalten Glanz in den Augen ihren Enkeln jede Gletscherspalte an den Hals wünschen, statt ihnen beizubringen, wie man die unter dem Schnee verborgenen Fallgruben erkennt.

Verschlossenheit, Ratverweigerung dieser Art müssen nicht immer absolut unverbesserlich sein. Oft sind sie unbewusste Haltung, verhärtete Neurose und lassen sich durch behutsame Bemühung der Kinder und Enkel verwandeln, vor allem dadurch, dass diese sich über den kleinsten Rat der verschlossenen Großeltern herzlich und dankbar freuen und sie immer wieder horchbereit und Anerkennung schenkend um Rat fragen.

Zum glückhaften Wahrnehmen der Ratgeberaufgabe kommen besonders diejenigen Großeltern, die von vornherein davon absehen zu erwarten, dass ihr Rat befolgt wird. Durch eine solche Einstellung lässt sich viel Enttäuschung, viel Gefahr von sich einnistender Dauerverstimmung, aber auch viel Ausweitung zu starrer Rechthaberei vorbeugen. Es enthält wertvolle Bescheidenheit, wenn die Großeltern ihre Vorstellungen konjunktivisch und als Fragen vortragen, etwa in der Manier: «Wäre es nicht evt. auch möglich... könnte es nicht vielleicht gut sein...?»

Ratgebende Großeltern sollten immer im Bewusstsein haben, dass die junge Generation gegen autoritäre Machtanmaßung allergisch gemacht worden ist. Es ist deshalb nötig, eine Wortwahl zu vermeiden, die nach Befehlsgewalt auch nur ein wenig riecht. Die Älteren haben wenig Aussicht, mit ihren oft so guten und notwendigen Ratschlägen erfolgreich zu sein, wenn sie kommentarlos darauf pochen, dass es allein so richtig ist, wie sie es machen und gemacht haben.

Besser ist es, vorsichtig zu argumentieren, zum Beispiel: «Als junge Mutter habe ich alles mit dem

Kopf angepackt, alles so gemacht, wie es die Vorschrift im Babybuch aussagte. Ach, wie war der Hans dann aber ängstlich, pedantisch und anfällig! Dann, beim Peter, habe ich meine Erziehungsmethode um 180 Grad gedreht und habe alles laufen lassen, wie es lief. (Damals kam die Katastrophe mit dem Hausbrand und dem Neubau; ich hatte überhaupt keine Zeit.) Der ist nun wieder – und das merkte man bald – ziemlich wild und unordentlich. Danach, bei den drei Jüngsten (und die Zeiten wurden besser und erlaubten mir das) habe ich versucht, ein gutes Mittelmaß einzuhalten. Ich habe die Erfahrung gemacht: Kinder brauchen einerseits eine feste tägliche Ordnung und abgesteckte Grenzen und andererseits einen Spielraum, in dem sie sich entfalten können.»

Ein Rat, der in dieser Weise in eine Lebenserfahrung verpackt ist, der deutlich macht, dass die Großeltern selbst erst durch Schaden klug geworden sind und dass sie hoffen, dass die Jungen daran mitlernen können, hat wesentlich mehr Chancen, auf- und ernst genommen zu werden, als ein kopfschüttelndes Verwerfen der für falsch gehaltenen Erziehungsmethoden der Nachkommen.

Aber in welcher Art Großeltern beim Ratgeben auch vorgehen – eines an die nachfolgende Generation zu vermitteln ist unermesslich wichtig: dass es keineswegs ein neuer, sondern ein altertümlicher Irrtum ist zu meinen, der Mensch sei grundsätzlich von Geburt an gut und müsse infolgedessen nur von jeglicher Beeinflussung durch seine Erzieher ferngehalten werden, damit er im Erwachsenenalter «von selbst» eine Art Engel würde. Diese Vorstellung, die sich heute unter der Devise «Antipädagogik» neu zu verkaufen sucht, obgleich die Theorie aus dem 18. Jahrhundert stammt und sich in der Praxis immer neu widerlegt hat, leistet der Verwilderung und der Orientierungslosigkeit der Enkel Vorschub.

In der Praxis hat sich vielmehr gezeigt, dass das Kind ein kleiner Wilder ist, der immer auch in der Gefahr steht, durch ein maßloses Ausufern seiner Antriebe unter Umständen sogar böse zu werden und daran zugrunde zu gehen. Dass Erziehung nachdrücklich Anleiten zum Guten bedeutet und dass das eine der Hauptaufgaben verantwortlicher Eltern ist, können Großeltern heute nicht nachdrücklich genug ihren erwachsenen Kindern vermitteln.

S – Schwiegerelternschaft bestehen

Eigentlich scheint es das Selbstverständlichste von der Welt zu sein: Die Kinder werden erwachsen, sie suchen und finden ihre eigenen Lebenspartner; diese werden in der Familie an- und aufgenommen und das Schwiegerkind tritt über kurz oder lang durch eine noch vertiefte Bindung seinen Schwiegereltern gegenüber: als Mutter oder Vater der Enkel von Großeltern. Und dennoch zeigt die Praxis, dass die Sache nur in den selteneren Fällen komplikationslos ist, dass es offenbar eine kunstreiche Aufgabe ist, als älterer Mensch eine harmonische, freundschaftliche Beziehung zu seinen Schwiegersöhnen und Schwiegertöchtern zu entwickeln und in guter Gemeinsamkeit an einer konstruktiven Lebensgestaltung der folgenden Generation mitzuwirken.

Das liegt daran, dass die Beziehung zwischen den Schwiegereltern und Schwiegerkindern durch unerkannte, oft archaische Ängste beeinträchtigt werden kann und dadurch eine besondere Störanfälligkeit besitzt. Es lohnt sich sehr, diese Ängste ins Bewusstsein zu nehmen, weil es dann sehr viel besser gelingen kann, sie souverän und auch mit einem Stück Humor zu bewältigen. Es soll deshalb in diesem Kapitel der Versuch gemacht werden, neuralgische Punkte in den Beziehungen zwischen Schwiegereltern und Schwiegerkindern zu beschreiben.

Am komplikationsreichsten sind erfahrungsgemäß die Beziehungen zwischen den Schwiegermüttern und ihren Schwiegersöhnen. Viele Tränen wurden von Schwiegermüttern wegen ihrer Schwiegersöhne geweint. Das Verhalten des Schwiegersohnes ist für ungezählte ältere Frauen Ursache für Harm und Hader, für Depression und Verzweiflung. Ungezählte Enkel haben Nähe, Zuwendung und Gemeinschaft mit Großeltern nicht erleben dürfen, weil die Schwiegermutter und der Schwiegersohn sich im Dauerhass festfraßen, der eine seufzenswerte Barriere zwischen Jung und Alt wurde. Woran liegt das? Warum kommt es so häufig vor?

Die Naturvölker haben die archaische Angst, die hier existiert, wesentlich besser und vorsorglicher im Griff: Die Schwiegermutter gehört zu den großen Tabus für Schwiegersöhne. Bei manchen gehört es zu den streng geforderten Verboten für Schwiegersöhne, den Fuß über die Schwelle der schwiegerelterlichen Hütte zu setzen, ja, damit nicht genug, gilt es als eine verunreinigende Annäherung, selbst bei einer zufälligen Begegnung, einen Blick auf die Schwiegermutter zu werfen. Der Schwiegersohn muss sich umständlicher Rituale unterziehen, um von diesem Makel wieder befreit zu werden.

Die Schwiegermutter stellt für den Schwiegersohn eine Gefahr dar, so weiß die Seele der Naturvölker. Unsere modernen Schwiegersöhne kennen zwar nur selten diese Aussage, aber sie benehmen sich ganz in diesem Sinne. Angst, wenn auch meist verdeckt und verdrängt, haben sie auch heute noch vor der Schwiegermutter, zunächst unabhängig davon, wie sie sich benimmt. «Allmählich habe ich herausgefunden, dass Du wirklich ungefährlich bist», sagte mein eigener Schwiegersohn nach zehnjähriger Ehe mit meiner Tochter einst mit einem befreiten Seufzer zu mir.

Das also muss die Schwiegermutter grundsätzlich wissen: Am Anfang ist hier nicht das Wort, sondern die Angst. Wenn man ein wenig nachdenkt, ist das auch nicht im Mindesten verwunderlich. Das männliche Kind ist durch seine Kindheit hindurch von einer starken Frau abhängig gewesen. Es hat sich – oft unter Brüchen und Schmerzen – im Jugendalter und Jungmännerstadium von ihr losmachen müssen, oft gegen ihren und seinen Willen zur Bequemlichkeit.

Das Entwicklungsgesetz in ihm fordert, dass er zum Mann wird, zu einer selbständig handelnden Person. Die Wunde, die dieser Prozess hervorrief, ist oft erst mühsam vernarbt. In der eigenen Frau ist beglückt die gefunden, die nicht beherrscht, sondern die beschützt werden muss, da das Kind sie schutzbedürftig macht. Dem jungen Mann wächst mit der Aufgabe die Kraft zu ihrer Bewältigung. Er beginnt stark zu werden. Er spürt, dass er als ein Starker zu seiner Bestimmung kommt.

Die Schwiegermutter ist archaisch so etwas wie eine Gefahr, dieses elementare Ziel nicht zu erreichen. Sie ist so etwas wie der zweite Durchgang der Befreiung von der Mutter. Selten ist das alles im Bewusstsein. Die Abwehr der Schwiegermutter durch den Schwiegersohn ist oft brüsk und tritt automatisch auf, wenn sie sich annähert. Objektiv gleicht die Reaktion des Schwiegersohnes oft den Kanonenschüssen, die auf Spatzen abgefeuert werden und tiefe Zerwürfnisse zur Folge haben, weil sie von den Älteren mit Recht als unangemessen und beleidigend erlebt werden. Für die Großmutter aber ist es von allergrößter Wichtigkeit, die Abwehr, die Zurückhaltung, die Unhöflichkeit des Schwiegersohnes nicht als persönlich gemeinte Kränkung zu erleben, sondern sie als eine Form von archaischer Existenzangst zu verstehen und anzunehmen.

Begreift die Schwiegermutter erst einmal, dass es für den jungen Mann nicht selbstverständlich ist, sich aus der mütterlichen Umschlingung zu lösen, dass es im Hinblick auf das Gelingen oder Misslingen seiner Lebensbestimmung dabei um Sein oder Nichtsein geht, dann kann sie ihm sogar mit Takt und Geschick helfen, seine Institution Familie in eigener Regie aufzubauen.

Erleichternd ist es z. B., wenn die Schwiegermutter den Schwiegersohn bei anstehenden Maßnahmen und geplanten Aktionen mit den Enkeln fragt, statt sein Einverständnis einfach vorauszusetzen. Es kann gespannte Aggressionsbereitschaft entschärfen, wenn die Schwiegermutter sich kein Verfügungsrecht über die Tochter anmaßt, sondern auch in dieser Beziehung deutlich macht, dass sie Abstand hält, dass sie zurückgetreten ist und den Willen und die Planungen des Schwiegersohnes respektiert.

Eine kluge Schwiegermutter betont ihrem Schwiegersohn gegenüber eher ihre Schwäche als ihre Stärke; sie tut gut daran, Stolz, Überlegenheit und konkurrierende Eigenmacht beiseite zu legen und eher Freude über seine Übernahme des Kapitänspostens auf dem eigenen Familienschiff zu signalisieren. Dann besteht sehr viel mehr Aussicht, dass der Schwiegersohn Verantwortungsgefühl auch seiner Schwiegermutter gegenüber entwickelt und bereit ist, sie mit unter seine Flügel zu nehmen, wenn ihre abnehmenden Kräfte Hilfe nötig machen. Viele Kämpfe zwischen Schwiegersöhnen und Schwiegermüttern ließen sich einschränken, wenn letztere demütig ins Bewusstsein nähmen, dass sie auf das Gerangel um die Macht verzichten müssen, wenn sie Aussicht haben wollen, als ungefährliche Großmutter in der jungen Familie akzeptiert zu werden.

Die neuralgischen Punkte in der Beziehung zwischen Schwiegermutter und Schwiegertochter können ähnlicher Art sein, doch haben sie meist eine sehr andere Färbung als die Komplikationen zwischen Schwiegermutter und Schwiegersohn. In den meisten Fällen dreht es sich bei den Spannungen zwischen den Frauen nicht nur immer um die größere Macht, sondern um die Angst, nicht (mehr) die am meisten Geliebte zu sein.

Besonders in den bäuerlichen Familien, in welche die Schwiegertochter einheiratet, macht es zwar vordergründig die Hauptschwierigkeit aus, dass die Schwiegermutter über die Schwiegertochter regieren will und es ihr nicht zubilligt, eine eigene Familienregie aufzubauen; aber die Ängste, die hinter dem Gerangel um die Macht im Kral stehen, kommen meistens sehr viel mehr aus der Furcht vor dem Besitzverlust von Geliebtheit: Mutter will in den Augen des Sohnes die Beste bleiben, die junge Frau will ihrem Mann die Beste sein und werden. Die Mutter hat Angst vor dem Verlust des Sohnes an die junge Frau, die junge Frau fürchtet, dass er seine Mutter lebenslänglich mehr lieben könnte als seine Ehefrau. Und das sind keine Hirngespinste! Die Probleme können sich sogar zu den schrecklichsten Zerreißproben ausweiten, wenn die Schwiegermutter sich nicht zurückstellt und die Schwiegertochter sich nicht auf ihren längeren Arm der geduldigen Liebe einer jungen Frau verlässt. Da können die Fetzen fliegen, bis der junge Mann zwischen den verhärteten Fronten aufgerieben ist und im Status asthmaticus in einem Klinikbett einen allzu frühen Tod erleidet. Für viele junge Frauen ist dieser Kampf auch durch vorzeitiges Siechtum an einem chronischen psychosomatischen Leiden zu Ende gegangen.

Selbstbewusste, emanzipierte Frauen entweichen dem unerträglichen Alltag mit der Schwiegermutter, indem sie sich scheiden lassen. So oder so bleiben die Älteren vereinsamend zurück, meist abgeschnitten vom Glück mit den Enkeln oder auch einmal – nach erfolgreicher Ausschaltung der Schwiegertochter – beladen mit einer verantwortungsschweren Elternrolle an den bei ihnen zurückbleibenden Enkeln, die dem Alter der Großeltern nicht gemäß ist.

Darum möchte man allen Schwiegermüttern von Schwiegertöchtern zurufen: Um Himmels willen freut Euch an ihnen! Nehmt nicht Anstoß an ihren Ungekonntheiten; sie müssen Haushaltsführung und Kinderaufziehen erst lernen. Sie können Euch dabei zweifellos nur allzu gut gebrauchen. Tröstet sie also, wenn ihnen die Eier zu hart gerieten und der Braten zu zäh. Erzählt lustige Geschichten über das eigene Versagen als junge Frau. Spielt nicht die kopfschüttelnden zickigen Gouvernanten. Ihr macht die Schwiegertöchter widerborstig und verzweifelt. Sie spüren, dass es unter der Kleinkariertheit im Grunde um viel mehr geht: um einen Anspruch auf Geliebtsein und

Anerkennung, der sie ausschließen will. Verzichtet auf diesen Anspruch! Gebt den Schwiegertöchtern Raum und Freiheit zur eigenen Entfaltung! Entwürdigt Euch nicht zum intriganten, ausschwatzenden Spion im Bereich der Schwiegertochter. Billigt ihr zu, Fehler zu machen. Haltet Euch heraus. Lasst sie kommen und um Hilfe bitten, statt ihr Eure Hilfe aufzudrängen, die in Wirklichkeit keine ist, sondern Spitzelei, Entfaltungsbehinderung und bedrückende Last.

Schwiegervater zu sein birgt anscheinend nicht den gleichen spannungsgeladenen Konfliktstoff in sich. Im Gegenteil: Oft ist die Beziehung zwischen dem Schwiegervater und der Schwiegertochter eine besonders innige. Selten gibt es vergleichsweise harte Kämpfe um Macht- und Liebesbesitz zwischen ihnen. Der Schwiegervater kann viel häufiger die junge Frau des Sohnes als einen Zuwachs an familiärem Reichtum annehmen und sich an ihrer Jugend freuen. Ein Hauch von distanzierter Erotik kann der Beziehung geradezu einen besonderen Reiz verleihen. Die Schwiegertochter hat im Allgemeinen, wenn sie unverbildet und seelisch gesund ist, ein Bedürfnis danach, sich in die Achselhöhle des weisen Alten einzukuscheln.

Diese Beziehung ist häufig von gegenseitiger Achtung und Anerkennung gekennzeichnet und deshalb dann erfreulich. Schwiegerväter verdüstern sich ihren Schwiegertöchtern gegenüber meist erst dann, wenn sie den Eindruck haben, dass diese ihren Familienpflichten nicht gut genug nachkommen. Selten ist die Toleranzbreite von Schwiegervätern so groß, dass sie es hinnehmen, wenn die Enkel vernachlässigt werden, weil die Schwiegertochter sich im Beruf außerhäuslich selbstverwirklicht oder gar einen zweifelhaften Lebenswandel führt.

Selbst diejenigen älteren Männer, die im Hinblick auf ihr eigenes Leben nicht im Mindesten ein Kind von Traurigkeit waren, billigen ähnliches ihren Schwiegertöchtern nicht zu. Ohne diese Haltung selbst begründen zu können, legen sie hier strenge Maßstäbe an: Ihr Großvatergefühl sagt ihnen kompromisslos, dass es die Pflicht der Schwiegertochter ist, den Enkeln eine gute Mutter zu sein. Ist sie das nicht, so hört sein Verständnis und seine Liebe für die Schwiegertochter auf. Innerhalb dieser Grenze aber sind die Schwiegerväter meist die toleranten Gönner der von ihnen geliebten Schwiegertöchter.

Auch mit dem Schwiegersohn tut sich der Schwiegervater meist wesentlich leichter als seine Frau. Er betrachtet ihn gern als Zuwachs an Männlichkeit in der Familie. Kameradschaftlichkeit zu entfalten gelingt ihm oft mit dem Schwiegersohn leichter, als mit dem eigenen Sohn. Konkurrenz um die junge Frau tritt hier viel seltener auf – es sei denn, die Tochter ist an ihren Vater abgöttisch gebunden. Aber da Töchter mit zu starken Vaterbindungen selten heiraten, kommt es nicht allzu häufig vor, dass der Schwiegersohn erst einmal einen Kampf um die Loslösung seiner Frau vom Vater vollziehen muss.

In solchen Fällen kommt es freilich immer einmal wieder zu Entfremdungen zwischen Schwiegervätern und -söhnen, die sich aber als auflösbar erweisen, wenn der Prozess der Ablösung ausgestanden ist.

Das Verhältnis Schwiegervater-Schwiegersohn ist am ehesten dadurch störbar, dass der Jüngere die

Tochter schlecht behandelt, unzureichend versorgt oder ihr untreu ist. Solche Verstöße werden von Schwiegervätern wenig toleriert und führen meistens rasch zum abrupten Abbruch der Beziehung.

Es gibt freilich eine große Zahl von älteren Männern, die es nicht geschafft haben, ihre personale Selbständigkeit neben ihrer Ehefrau zu bewahren. Sie mögen in der Welt noch so groß dastehen: Zu Hause sind sie, ohne das zu erkennen, längst zu den willenlosen Manipulationsobjekten ihrer starken Frauen geworden. Sie haben den Kampf verloren: Sie sind von der Abhängigkeit von der Mutter in die Hörigkeit der Ehefrau geraten. Schwiegerväter dieser Art agieren ihren Schwiegerkindern gegenüber häufig nicht schwiegerväterlich, sondern bilden lediglich die Exekutive ihrer bestimmenden Ehefrau. Solche Schwiegerväter haben oft nur noch scheinbar einen eigenen Willen und die Briefe, die von ihnen kommen, sind häufig nichts anderes als gut eingedeutschter Geist aus schwiegermütterlichem Kopf.

Es ist von großem Wert, sich all der Gefahren der Schwiegerelternschaft ganz bewusst zu sein, um sie abwenden zu können und den positiven Aspekten von Schwiegerelternschaft den Vorrang zu geben. Denn was für eine Bereicherung stellt es grundsätzlich dar, als älterer Mensch noch mit einem Zuwachs an Kindern beschenkt zu werden. Was für ein beglükkender Aspekt der Ergänzung, besonders auch für Familien, in denen es ausschließlich Söhne oder Töchter gab, sind die angeheirateten jungen Erwachsenen! Freude und Dankbarkeit darüber sollte hinter all den einschränkenden Bedenken an erster Stelle stehen. Die Möglichkeit, unter dem Vorzeichen einer positiven Einstellung auch noch dort mitzuwirken, wo Mängel sichtbar werden, sind wesentlich größer, wenn die Großeltern es vermeiden, vorrangig mit Naserümpfen und Kopfschütteln zu agieren.

Schwiegerelternschaft zu bestehen, ist eine schöne, wenn auch gewiss keine leichte Aufgabe. Sie setzt viel Großzügigkeit voraus und viel Bereitschaft, Krummheit, Frechheit und unreife Respektlosigkeit zu überstehen, um so die Geduldigen, Reifen, die immer wieder Vergebungsbereiten zu sein. Einbindung von Schwiegerkindern in die Familie wird nur ein Großelternpaar erreichen, das reif genug ist, Neuhinzukommenden Eigensein und eigenen Stil zuzubilligen. Unter dieser Voraussetzung freilich kann es oft großes Glück bedeuten, Schwiegereltern zu sein.

T – Trösten

Die achtjährige Britta ist zum ersten Mal mit dem Zug zu den Großeltern in die Ferien gefahren. Stolz und glücklich läuft sie auf dem Bahnsteig der Großmutter in die Arme. Sie haben zwischen Spielen, neuen Fotos, einem fröhlichen Abendessen, gemeinsamem Lesen und Beten gute erste Stunden miteinander. Um 21 Uhr sagen die Großeltern dem Kind Gute Nacht. Die Tür zum Schlafraum bleibt noch ein wenig offen, die Flurlampe hell; denn die Großmutter hat in den Augen des Kindes eine noch unterdrückte Beunruhigung gespürt.

Einige Zeit später steht eine unglückliche Gestalt im Türrahmen: «Omi, ich kann nicht einschlafen.» Die Großmutter nimmt das Kind an die Hand, führt es zurück, setzt sich ans Bett. Plötzlich bricht Britta in Tränen aus: «Erst will ich weg von zu Haus, freu mich, freu mich, dass ich zu Euch fahren darf – und dann will ich wieder heim!»

Die Großmutter nimmt Britta in die Arme, wiegt sie. Sie hat ein großes Taschentuch. Sie trocknet die Tränensuppe und dann erst sagt sie leise: «Weißt Du, Britta, das *ist* so, wenn man zum ersten Mal allein verreist. Man merkt auf einmal etwas, was man vorher noch gar nicht gewusst hat: dass man eine Heimat hat.» «Aber ich will doch groß sein», schluchzt Britta, «und kein Baby, wie Jeanne, die keine zwei Minuten ohne Mama sein kann.» «Bist Du ja auch», antwortet die Großmutter, «hast Du vergessen, wie gut Du das heute schon allein gemacht hast? Weißt Du, wenn die Nacht kommt und man in einem fremden Bett allein ist, dann bekommen ganz erwachsene Leute häufig noch Heimweh. Aber wenn man das durchsteht, dann ist es am nächsten Abend schon sehr viel besser. Pass auf, ich bringe Dir jetzt ein neues, ganz spannendes Buch, das ich extra für Dich besorgt habe, dazu noch ein paar frisch geerntete Mohrrüben und Du machst es Dir damit gemütlich. Du brauchst nicht einzuschlafen. Ruhen und Lesen ist auch gut. Ich komme nach einer kleinen Zeit und schau noch einmal. Wir sind da, wir haben Dich ganz lieb.» Küsschen, Tür einen Spalt offen. Als die Großmutter nach zehn Minuten ins Zimmer schaut, schläft Britta friedlich mit dem Buch vor der Nase. Die Großmutter löscht das Licht. Sie legt sacht noch einmal die Hand auf den Kopf der Enkelin. Die seufzt glücklich im Schlaf. Die Krise ist überwunden. Britta fühlt sich geborgen.

Großeltern sind als Tröster ganz besonders gut geeignet, denn ihre lange Lebenserfahrung hat schließlich zur Folge gehabt, dass ihnen nichts Menschliches fremd blieb. Erfolgreiches Trösten setzt voraus, dass es dem Tröster gelingt, dem Trostbedürftigen die Hoffnung zu vermitteln, dass sein elender Zustand vorübergehen wird. Und gerade diese Erfahrung haben ältere Menschen, die sich ihren unverdrossenen Lebensmut bewahrten, immer wieder gemacht. Sie wissen auch längst, dass es unsinnig ist, eine Schwierigkeit zu eilig, zu rasch wegreden und wegpusten zu wollen. Sie wissen, dass auch der Schmerz seine Zeit braucht, dass er zunächst einmal angenommen sein will, dass der gute Tröster also zunächst nichts weiter schenkt als dieses eine: Nähe, Mitsein, Wärme, Zweisamkeit.

Der erste Akt guten Trostes bei seelischem Schmerz sollte immer das schweigende, umfangende Miteinander sein, eine Zeitspanne der Einfühlung, des Mitleidens. Dennoch sollte in dieser Phase keine absolute Identifikation zwischen dem Trostspender und dem Leidenden stattfinden. Der Tröster kann nur hilfreich werden, wenn er nicht mit in der Trostlosigkeit versinkt. Schon im Geist des Mitseins muss die Möglichkeit, die Kraftspende zur Überwindung des Elends enthalten sein. Hinter dem Tröster muss eine feste Portion Zuversicht stehen und hindurchleuchten.

Bei kleinen Schmerzen wie dem ersten Heimwehschub von Britta, ist das nun freilich mit Liebe auf dem Boden des Wissens um die Überwindung von eigenem einstigen Heimweh gewiss zu schaffen. Mehr Kraft ist nötig, wenn es gilt, als Großeltern die Enkel zu trösten, wenn das Schicksal erbarmungslos zuschlägt. Am schwersten ist die Aufgabe, wenn der Tod dem Enkel Vater oder Mutter entreißt. Und gelegentlich kommt heute schließlich auch dieses vor: dass alle beide, manchmal auch noch Geschwister, dem Kind genommen werden und die Großeltern mit den verwaisten Enkeln zurückbleiben. Das ist eine fürchterlich schwere Situation für Großeltern:

Selbst geschlagen zu sein vom denkbar furchtbarsten Schlag, selbst tief trostbedürftig zu sein und dann dennoch Trost spenden, stark sein zu müssen, sich dem Schmerz gar nicht ausliefern zu dürfen. Das ist für das menschliche Herz eine ungeheuerliche Forderung, die nur allzu leicht zu einer Überforderung wird, unter welcher der Mensch hoffnungslos zusammenbricht, wenn er nur auf dieses Herz baut. Die hoffnungslose Trauer der Hinterbliebenen gebiert eine Trostlosigkeit der Enkel, die das Gefühl der Schutzlosigkeit, der Verlassenheit oft nie mehr ganz überwinden lässt und sie häufig später im Erwachsenenalter generell depressionsanfällig macht.

Es gehört deshalb zur Großelternaufgabe, sich gegen die Gefahr vor Überflutungen durch die Trostlosigkeit von Schicksalseinbrüchen rechtzeitig Deiche zu errichten, um in solchen Fällen nicht mit den Enkeln gemeinsam seelisch zugrunde zu gehen.

Es gibt nur einen einzigen Deich, welcher der Sturmflut übermächtigen Schicksals gewachsen ist: Das ist der erbetete Glaube. Hilfreich ist dabei nicht nur das Leben in der Gewissheit der Existenz eines liebenden Gottes, sondern auch das Eingewöhnen in die Vorstellung, dass das Leid eine unaufgebbare positive Funktion in unserem Leben hat und deshalb ein unentbehrliches Medium zu seelischer Reife darstellt.

Wer die Unaufgebbarkeit von schwerem Leid als eine notwendige Liebeshärte Gottes akzeptiert hat, wer sich den uns von Jesus Christus zugesprochenen Trost «Selig sind die Trauernden, denn sie werden getröstet werden» zu eigen macht, dem wird die Kraft geschenkt, selbst mitten im Zentrum des Taifuns stille sein zu können in dieser Geborgenheit und die im Windschatten stehenden Enkel großflüge-lig zu beschützen vor dem ätzenden, zerstörerischen Gift der Verlassenheit und der Trostlosigkeit.

Gläubige Großeltern können ihren Enkeln in solchen Situationen durch ihr eigenes Vorbild Glauben überzeugend machen.

Kürzlich erlebte ich in einer befreundeten Familie, dass die Mutter durch einen häuslichen Unfall umkam, nachdem der Vater zwei Jahre zuvor an einem Hirntumor verstorben war. Vier Kinder zwischen 10 und 20 Jahren blieben zurück.

Die Eltern der Mutter – weit entfernt wohnend – reisten noch in der Nacht der Katastrophe an. Sie umfingen die Kinder, sie weinten mit ihnen – und dann begann der Großvater mit ihnen gemeinsam zu beten. Er dankte Gott, dass ER die Tochter mit Glauben beschenkt habe, so dass die Hinterbliebenen nun wissen könnten, dass es ihr jenseits des Todes wunderbar gut gehe, dass sie bereits auch von ihrem geliebten Mann erwartet würde, dass sie nun wieder vereint seien.

Er bat Gott um Kraft und Tapferkeit für die Enkel. Er vermittelte ihnen die Vorstellung, dass die Eltern ihre Kinder jetzt sähen und dass sie Freude hätten, wenn sie erkennten, dass der Tod der Eltern sie reif, erwachsen und füreinander hilfreich mache. Er bat um Kraft für eine schöne Beerdigung im Geist der Mutter, die eine fröhliche, tatkräftige Frau gewesen war, er versprach Gott, treu für die Enkel einzustehen und IHM gemeinsam mit ihnen gehorsam zu sein. Großmutter servierte warme Getränke (denn mit dem Essen wollte es bei allen nicht recht gehen) und dann machten sie sich an die Arbeit, für Mutter ein großes, würdiges Fest zu bereiten. Alle halfen mit; wenn eins zusammenbrach, weinte man gemeinsam.

Immer öfter fanden auch die Kinder den Weg zum laut gesprochenen gemeinsamen Gebet, zur Fürbitte füreinander, für die Eltern und auch für die Großeltern.

Die Trauerfeier überstanden alle ohne Zusammenbrüche; sie wussten: Die stille Frau, die dort im Sarg in die Erde gelassen wurde, war nur die Hülle ihrer Mutter. Im Grunde war sie bei ihnen, im Geist, im Herzen, zusammen mit ihrem Vater. Den schmerzgebeugten Großeltern aber wuchs mitten in dem sorgenvollen Elend eine herzsprengende Freude zu:

Sie konnten erleben, wie die Glaubenstreue die Kinder zu reifen, disziplinierten, kraftvollen jungen Erwachsenen werden ließ – keine viel zu schweren Säcke an den Armen der doch schon recht alten Großeltern, sondern in einer Gemeinschaft mit ihnen, darauf bedacht, Rücksicht zu nehmen, auch deren eigene Trauer tröstend zu respektieren, ihrem Rate gegenüber aufgeschlossen und in großem liebendem Zusammenhalt einander nahe zu sein. Diese Großeltern, die den göttlichen Tröster in Anspruch nahmen, erwiesen sich der härtesten Schicksalsprobe gewachsen.

U – Unterstützen

Als es noch keine technisierten Großstädte mit Mietskasernen gab, hatten es die meisten Kinder, selbst die bei karg lebenden Eltern, besser: Sie konnten sich in Feldern, Wäldern und Auen tummeln. Sie hatten die Natur vor der Haustür. Für den Großteil der Kinder unseres Kulturkreises ist das nicht mehr im Mindesten selbstverständlich. Wenn sie geboren werden, pflegt der Schornstein der neuen kleinen Familie erst mühsam zu rauchen. Ja, es reicht für Essen und Trinken, es reicht allmählich und auf Raten für den Erwerb einer Wohnungseinrichtung. Es reicht dann auch allmählich für einigen Komfort von der Waschmaschine bis zum Auto. Aber selbst bei fleißigen und recht gut verdienenden jungen Paaren des Mittelstandes ist die Möglichkeit, ein, wenn auch noch so bescheidenes, Domizil im Grünen zu errichten, doch erst nach zehn bis fünfzehn Jahren Erwerbstätigkeit erreicht. Das ist so häufig und dennoch so grotesk: Wenn die Kinder gerade schon dabei sind, flügge zu werden und auszufliegen, ist das lang erstrebte Eigenheim endlich fertig – mit einem Rasen für die Kinder, mit Bastelkeller, Einzelschlafzimmern und einer hinreichenden Zahl von Waschbecken. So oft ist das viel zu spät für die Kinder, um genug Auslauf, genug Spielraum zu haben.

Oft sind liebevolle Großeltern mit einem ansehnlich gefüllten Sparstrumpf vorhanden, aber sie vertreten den Standpunkt: Auch wir haben erst lange arbeiten müssen, ehe wir uns mehr als das Nötigste leisten konnten. Wir haben die Erfahrung gemacht, dass die

Freude über das mühsam Erarbeitete viel größer und köstlicher ist, als das, was leicht und ohne Anstrengung in den Schoß fiel. –

Das ist zwar gut und richtig, gilt aber doch nur für die erwachsenen Kinder. Für die Enkel ist es ein Riesenunterschied, ob sie in einer Betonmietskaserne groß werden oder in der Nähe der Natur. Für die Enkel ist es kein Luxus, einen Auslauf zu haben und eine Beziehung zu Pflanzen und Tieren zu entwickeln. Das ist ein unermesslich hoher Wert. Es ist deshalb weder Verschwendung noch Verwöhnung, wenn Großeltern, die noch aktiv im Erwerbsleben stehen, darauf bedacht sind, ihren Kindern materiell unter die Arme zu greifen, um den Enkeln zu einem Stück Rasen vor der Tür zu verhelfen, solange sie noch klein sind.

Freilich ist es meist sinnvoll, sich nicht in die Rolle einer jederzeit melkbaren Milchkuh zu begeben, sondern diese finanzielle Unterstützung als ein unbefristetes zinsloses Darlehen an die Kinder weiterzugeben. Das kann verhindern, dass Kinder oder Schwiegerkinder durch die Spendierfreudigkeit der Großeltern übermütig werden, oder gar das gespendete Geld seinem Zweck entfremden. Das hat auch den Vorteil, dass nicht plötzlich ein ausscherender oder unzuverlässiger Schwiegersohn mit dem angeeigneten Obolus auf und davon schwimmen kann. Darüber hinaus kann eine solche Regelung zur Vermeidung von Erbstreitigkeiten beitragen: Das von den Großeltern beigesteuerte Geld wird in einem Testament als vorzeitig gezahltes Erbe, das im Todesfall auf die so Unterstützten übergeht, vermerkt, so dass eine gerechte Verteilung des Erbes zwischen den Geschwistern möglich ist.

Für tatkräftige, mitverantwortlich denkende Großeltern – und die gibt es in der von 1920 bis 1940 geborenen Generation heute noch in großer Zahl – bedeutet es eine zusätzliche Sinnerfüllung ihres von Fleiß und Sparsamkeit getragenen Lebens, unterstützend daran mitzuwirken, dass die Enkel in einer möglichst gesunden Umwelt aufwachsen können. Es ist z. B. lohnend, wenn Großeltern an dem Tag, an dem ihnen die Nachricht überbracht wird, dass das junge Paar, das noch in einer Großstadt-Einzimmerwohnung lebt, Nachwuchs erwartet, ein Sparheft anlegen mit dem Ziel, an der nach spätestens drei Jahren notwendig werdenden größeren Wohnung finanziell mitzuwirken.

Es ist vielleicht nicht immer richtig, das sofort dem jungen Paar mitzuteilen, gewiss nicht bei denen, die dazu neigen, die Verantwortung mehr den anderen zu überlassen, und auch nicht bei denen, die in der Gefahr sind, sich auf die faule Haut zu legen. Aber in dieser Weise gemeinsam gute und sinnvolle Vorsorge zu betreiben, ist für uneigennützige Großeltern eine genüssliche Freude, die unter Umständen sogar mehr innere Zufriedenheit auslösen kann als ein aufwändiges Leben und verschwenderische Urlaubsreisen.

Sehr oft tritt heute der Fall ein, dass die strebsamen jungen Paare erkennen: Wenn Mann und Frau im Beruf bleiben, auch nachdem das erste Kind geboren ist, besteht mehr Aussicht, sich ein Nest mit Spielraum für die Kinder erwerben zu können, wenigstens um die Zeit herum, in der sie noch im Schulalter sind. Aber der Preis, der für ein solches Ziel bezahlt werden muss, ist ungeheuer groß:

Er bedeutet bei jungen Paaren, die abgetrennt von den Großmüttern in einem fernen Ort leben, dass die Enkel durch Fremdbetreuer großgezogen werden müssen. Das ist eine Regelung, die ein enorm hohes Risiko enthält: Die Gefahr, dass Kinder zu seelisch schwachen, suchtanfälligen Erwachsenen werden, ist wesentlich größer, wenn sie die ständige Obhut ihrer Mutter entbehren müssen, als wenn sie ohne Auslauf in engen, unzureichenden Wohnverhältnissen in einem Betonhochhaus aufwachsen. Die emotionale Geborgenheit rangiert grundsätzlich vor den Minderungen, die durch die äußere Umwelt hervorgerufen werden. Gut betreute Kinder bei liebevollen Eltern können oft gerade unter kargen Wohnverhältnissen und in kleinen Wohnungen zu liebevollen, arbeitsfähigen und seelisch kraftvollen Erwachsenen heranwachsen.

Dennoch ist die Sehnsucht der jungen Paare nach einem Vaterhaus für ihre Kinder, nach einer Umgebung in der Natur, die ihr Seelenleben vertiefen kann, nur allzu berechtigt. Um den Konflikt zu lösen, ist es aber weit besser, dass die agilen Großmütter durch erneute Berufstätigkeit dabei mithelfen, dass solche Wünsche in Erfüllung gehen, statt dass die jungen Mütter außerhäuslich arbeiten und ihre noch kleinen Kinder allein lassen. Das ist im Hinblick auf die Enkel die wesentlich bessere Lösung als die verführerische Möglichkeit, dass die noch rüstigen Großeltern die Enkel ganz übernehmen, während die jungen Mütter im Beruf bleiben. Diese Lösung – so häufig sie heute praktiziert wird – enthält viele Teufelsklauen; die hauptsächlichste besteht darin, dass die Bindung zwischen den Eltern und ihren Kindern zu flach bleibt, so dass sie ihnen – verführt durch Elternverhetzung – in der heute so gefährdeten Pubertät aus dem Ruder laufen.

Es ist eine Fehlvorstellung zu meinen, man könne 12 bis 15 Jahre lang die Hauptenergien seines Lebens in den Beruf investieren, die Kinder dann von den nun zu alt werdenden Großeltern übernehmen und mit ihnen ein genussreiches Leben in deren Jugendalter beginnen. Eltern, die sich das Leben mit ihren Kindern in dieser Weise zu leicht gemacht und die Verantwortung auf andere abgeschoben haben, müssen häufig dafür später trauriges Lehrgeld bezahlen. Die Kinder denken gar nicht daran, ihnen nun mit Respekt und Achtung zu begegnen.

In einem besonders traurigen Fall erlebte ich, dass eine geschiedene Sängerin ihre Tochter in den ersten fünf Lebensjahren, bis zum Tod der Großmutter, bei ihren Eltern untergebracht und sie dann in Heimen hatte groß werden lassen. Als das Kind 13 Jahre alt war, hatten die Ersparnisse der Mutter gereicht, ein aufwändiges Eigenheim zu bauen. Die Tochter, so war es geplant, sollte sogar eine kleine eigene Wohnung im Obergeschoss beziehen – mit eigenem Bad, Teeküche, Eisschrank und einem eigenen Wohn- und Schlafraum. Die Idylle zerbrach bereits nach wenigen Wochen. In der Freiheit ging die Tochter sehr schnell in die Verwahrlosung: Sie begann, maßlos zu rauchen, zu trinken, die Schule zu schwänzen, zu stehlen. Sie brachte den Glanz binnen kurzem in eine fürchterliche Unordnung. Sie holte sich bald in ihr Bett, was ihr an Mann in die Quere kam. Sie wurde von der Polizei aufgegriffen und mit 19 Jahren schließlich als unverbesserliche Rückfalltäterin rechtskräftig zu einer Gefängnisstrafe verurteilt. Die Sängerin nahm sich, nachdem sie der Tochter bei einer Abtreibung behilflich geworden war, das Leben: Sie erhängte sich in ihrem Eigenheim.

Wenn glücklicherweise auch nicht alle solche Verläufe so bitter traurig enden, so ist es für Großeltern doch wichtig zu wissen, dass sie sich nicht zu Handlangern von negativen Entwicklungen dieser Art machen lassen sollten. Es ist nun einmal eine biologische Zuweisung, die beachtet sein will, dass Mutterschaft von Frauen jenseits der Fünfzigjährigkeit in unserer Schöpfungsordnung unerwünscht ist.

Die materielle Zuwendung der Großeltern, die den jungen Frauen Ausleben von Mutterschaft ermöglicht, ist der richtigere Weg. Von großem Wert kann auch eine finanzielle Unterstützung der Großeltern sein, die der jungen Mutter Überforderungen erspart. Es ist sehr sinnvoll, wenn fernlebende Großeltern ihrer Tochter oder Schwiegertochter einen monatlichen Obolus überweisen, der ihren Möglichkeiten entspricht. Auch kleine finanzielle Zuwendungen können große Wirkung haben – schon als ein Zeichen der Einigkeit und des Mitdenkens. Manche Großeltern unterstützen sogar ihre Kinder, indem sie ihnen eine Stundenhilfe bezahlen, solange die junge Mutter etwa durch rasch aufeinander folgende Geburten extrem angespannt ist. Viel wertvoller, als teure Luxusartikel für Geburtstage und Weihnachten zu kaufen, ist es, in angespannten Zeiten der jungen Familie derlei Geschenke zu machen: Das Jahresgehalt für eine Haushaltshilfe für zwei Stunden am Morgen oder für eine Praktikantin aus der Kinderpflegerinnenschule. Mit Unterstützungen dieser Art bekunden die Großeltern auch mehr als Freizügigkeit und Gemeinschaftsgeist – sie vermitteln der jungen Mutter, die durch die Arbeit an mehreren kleinen Kindern ja häufig einige Zeit ein sehr strapaziöses Leben hat, ihre Freude, ihre Anerkennung für diesen so wichtigen und wertvollen Dienst am Leben.

Sie helfen der jungen Mutter nicht nur durch das Geld zu mehr Kraftpotenzial, sondern sie schenken ihr damit gleichzeitig das so notwendige Bewusstsein des großen Wertes ihres Einsatzes. Diese großelterliche Hochachtung kann die junge Frau heben und stärken, so dass sie ihren Kindern trotz mancher Übermüdung eine fröhliche Mutter zu sein vermag.

Diese Haltung der Großeltern beschützt auch alle Familienmitglieder vor einer gefährlichen Teufelsklaue: der Nötigung, dem Zwang zur Dankbarkeit der Jungen an die Alten. Schenken und unterstützen die Großeltern bereits im Geist ihrer eigenen Dankbarkeit, ihrer eigenen Freude über die verantwortungsbewusste Haltung der jungen Eltern, fühlen sie sich mit ihnen vereint im Dienst an den Enkeln, so fällt der neurotische Mechanismus, zu geben um zu fesseln, weg. Großeltern, die sich hier selbstlos einsetzen und nichts zurückerwarten, haben viel mehr Aussicht, dass eine lebendige Freude der Jungen, auch Dankbarkeit, statt eines Widerstandes gegen sie entsteht.

V – Verwöhnung vermeiden

Dass das Unterstützen zum Verwöhnen zu werden vermag – wie deutlich ist das vielen Menschen in unserem Wohlstandsleben in den vergangenen beiden Jahrzehnten erkennbar geworden! Ein berühmter Pädiater pflegte seine Examenskandidaten in der Prüfung für Kinderheilkunde zu fragen: «Was ist für das Kind am meisten schädlich?» Und sie hatten, wollten sie es zu einer ansehnlichen Note bringen, zu antworten: «Der Zucker und die Großmutter, Herr Professor.»

Gewiss, so notwendig und segensreich großelterliche Mühewaltung ist – sie kann auch schaden, und zwar besonders durch die Maßlosigkeit an Verwöhnung; denn mehr als Menschen in anderen Verwandtschaftsbeziehungen fällt es Großeltern schwer, Liebe nicht mit Verwöhnung zu verwechseln. Das liegt zunächst vermutlich an einer sehr allgemeinen Charakterveränderung, die das höhere Lebensalter mit sich bringt: Der gereifte ältere Mensch neigt im Allgemeinen zu mehr Milde. Ihm ist im Laufe seiner Lebenserfahrung der Glaube an einen einzigen, an einen allein selig machenden Standpunkt verloren gegangen. Er vermag Kleinigkeiten nicht mehr überwertend wichtig zu nehmen. Ihm fehlt die Freude am Sich-Durchsetzen, die oft bei den Jüngeren noch vorhanden ist, ja ihm fehlt auch oft schon ein Stück Kraft dazu.

Wir leben aber in einer Zeit, die ganz allgemein durch Tischfertigkeit und Kaufbarkeit einen Zug zur Verwöhnung in sich trägt. Es ist ein Widerstand gegen diese Zeiterscheinung nötig. Die Kraft dazu bringen Großeltern aber häufig nicht auf, wenn es gilt, sich den Wünschen der Enkel zu widersetzen. Das liegt zum Zweiten daran, dass die Freude an den Enkeln sehr groß ist, die Verantwortung für ihre Charakterbildung aber schließlich nicht bei den Großeltern liegt. Ihre Liebe wird so des steuernden erzieherischen Aspektes entkleidet und fließt stattdessen wie der Strom aus einem unerschöpflichen Füllhorn auf die geliebten Enkel hernieder.

Bei den Großeltern, die in der Kriegs- und Nachkriegszeit ihre eigenen Kinder großzogen, kommt noch als Drittes die Lust hinzu, den Enkeln viele der schönen Herrlichkeiten kaufen und bieten zu können, die sie im Hinblick auf ihre eigenen Kinder oft seufzend entbehrt haben. Manche Großmütter agieren viertens auch einfach nur triebhaft mit einem im Alter suchthaft entarteten Muttertrieb, oder sie handeln versteckt egoistisch mit dem Ziel, die beste, die geliebteste aller Personen im Umkreis der Enkel zu sein.

Manche Großmutter wird jetzt vielleicht das Buch verwirrt aus der Hand legen und sich fragen: «Ja, was meint die Autorin denn eigentlich? Ich beschenke meine Enkel doch nur mit Liebe und Liebe ist immer gut. Liebe ist doch unser höchster Wert.»

Wie unterscheidet sich die Liebe von der Verwöhnung, und woran kann ich erkennen, dass ich meinen Enkeln durch Verwöhnung schade, statt sie durch Liebe zu kräftigen?

Wir haben es im Kapitel über das Lieben schon einmal betont: Liebe gehorcht nicht dem Ich des

Enkels, sondern die Liebe gehorcht Gott und dient den Wünschen des Enkels nur so weit, als das mit seinem künftigen Dienst am Leben vereinbar ist. Verwöhnung ist Vergötzung des Enkel-Egoismus und gibt deshalb dem Kind im Dienst seiner Befriedigung zu leicht und zu viel und manchmal auch schlicht Falsches. Diese weite Definition bedarf freilich der Differenzierung.

Im Säuglingsalter besteht die Gefahr einer solchen Verwöhnung für natürliche Mütter nicht, sondern lediglich für Großmütter oder Mütter, die sich großmütterlich benehmen. In den ersten 18 Monaten nach der Geburt gibt es für Brustkinder kein Zuviel und Zuleicht an Nahrung, kein Zuviel an Anwesenheit ihrer Mutter. Das Ersaugen der Nahrung nach ihrem eigenen Bedarf ist das diesem Alter Gemäße, lässt die Säuglinge altersentsprechend «arbeiten» und macht sie auf diese Weise zufrieden.

Warten zu können, Versagungen und Verweigerungen ertragen zu lernen, ist noch nicht dieser Stufe, sondern erst der nächsten angemessen, in der das Kind das Nein der Erziehenden wohl als Verweigerung, aber nicht als Existenzbedrohung erleben kann. Mütter, die ihre Kinder natürlich ernähren, haben also in deren erstem Lebensjahr keine Möglichkeit zur Verwöhnung im oben beschriebenen Sinn, wohl aber die Großmutter, wenn man ihr den Säugling abgestillt zur Pflege übergibt. Es ist jedenfalls mit dem Flaschensystem sehr viel schwerer, ein natürliches Funktionieren zwischen Angebot und Nachfrage zu erreichen, wie es sich zwischen Säugling und Mutterbrust ohne weiteres vollzieht.

Eine Voraussetzung zur sich generalisierenden Verwöhnung stellt es bereits dar, wenn der Sauger der Babyflasche eine zu weite Öffnung hat und die Nahrung mit zu geringem Arbeitsaufwand des Kindes zu schnell einfließt. Das Kind trinkt dann zu viel, da die Rückmeldung des vollen Magens erst verspätet eintrifft. Die ersten Ansätze zur gefährlichen Hauptfolge der Verwöhnung werden so gelegt: Wer von allem zu viel und zu leicht bekommt, wird lahm, träge, bequem und meistens sogar fett. Der kleine Mensch gerät in die Gefahr, Freude an Aktivität nicht hinreichend genug zu entfalten, so dass sie sich nicht genug einübt. Es entsteht als Verwöhnungsfolge eine so genannte Aktivitätsatrophie, die später nicht durch einige Appelle an den Verstand zu lösen ist, sondern zum schwer revidierbaren Charakterzug wird.

Zu leicht und zu viel kann aber nicht nur an Nahrung gegeben werden. Auch ein Kind, das z. B. noch monate- und jahrelang getragen wird, obgleich es allein laufen könnte, fällt unter die Kategorie der Verwöhnten. Nicht anders ist es mit Pflegevollzügen: Es ist falsch, wenn Großmütter die Fünfjährigen noch an- und auskleiden und ihnen die Zähne putzen. Es ist unsinnig, den Schulkindern die Rechenaufgaben auszurechnen. Am größten sind die Gefahren der Verwöhnung für Großmütter freilich bei einem Übermaß an Geschenken sowohl in der Kleidung als auch bei kostspieligem Spielzeug oder elektronischen Luxusapparaturen.

Schenkende Großmütter sollten sich immer fragen: Braucht mein Enkel diesen Gegenstand wirklich? Kann er seiner Weiterentwicklung, seiner Aktivität dienen? Spornt er ihn an oder züchtet er Riesenansprüche? Verzieht er zum bequemen Konsumieren und Genießen oder regt er dazu an, sich anzustrengen und phantasiereiche Impulse zu entwickeln?

Auch Gaben, die voreilig zu früh überreicht werden, können mehr schaden als nützen. Es taugt nicht, dass einem Kind schon im Grundschulalter komplizierte Computerspiele, zusammenzubastelnde Modellflugzeuge und komplizierte Puzzle zur Verfügung gestellt werden. Das Kind kann nur die Erfahrung machen, dass es damit nicht zurecht kommt. Die kostbaren Spiele verlieren darüber den Reiz des Neuen, so dass sie dem Kind auch später, wenn es dafür reif wäre, uninteressant bleiben. Eine ganze Bibliothek wird ein Kind nicht dazu bewegen können, ein Bücherwurm zu werden. Dies gelingt aber meist, wenn die Bücher altersentsprechend ausgesucht und einzeln angeboten werden.

Es ist müßig hinzuzufügen, dass man ein Kind durch Überwärmen, Überfüttern und Alles-Erlauben verwöhnen kann. Es kann auch dadurch Schaden nehmen, dass man es in einer übertriebenen Weise mit Körpernähe überschüttet. Verwöhnung – gleich welcher Art – ist dem süßen Brei des Märchens ähnlich – eine Fülle, die erstickt und unter sich begräbt, so dass Bewegungslosigkeit und Entwicklungsstillstand entstehen.

Weil das aber immer auch gleichzeitig eine Entfaltungsbehinderung darstellt, reagieren verwöhnte Kinder auf die Dauer mit großer Unzufriedenheit, ja mit angstvoller Aggression, je länger der behindernde Zustand andauert.

Oberflächlich sieht das dann so aus, dass sich eine bemühte Großmutter für ihren Enkel beide Beine ausreißt und dieser – für die Gute gänzlich unverständlich – mit wütender Undankbarkeit, mit widerwärtiger Frechheit und aggressiver Respektlosigkeit antwortet. Es handelt sich aber vielmehr um unbewusste Loslösungsversuche gegen die lebensbehindernde Verwöhnung.

Die Zerwürfnisse und Familienszenen sind aber nicht nur für die Großeltern, die es doch eigentlich so gut meinen, schlimm, sondern auch für die Enkel; denn da sie ihre eigene Wut nicht als existenznotwendige Befreiungsversuche durchschauen, empfinden sie sich selbst mit bitter schlechtem Gewissen als grausam.

Besonders eindrücklich erlebte ich diesen Sachverhalt bei einem Großelternpaar, das zwei verwaiste Enkel in selbstlosem Einsatz großzog, sie dabei aber auch maßlos verwöhnt hatte. Die Idee, die Kinder den Verlust der Eltern nicht spüren zu lassen, hatte beim Umgurren der Kinder, denen jeder Wunsch von den Lippen abgelesen wurde, Pate gestanden: Aber schon von ihrem dreizehnten Lebensjahr ab begannen die Enkel, ihre Großmutter zu provozieren:

Sie taten alles, um sie in Angst und Sorge zu versetzen. Sie bummelten und kamen verspätet heim, sie ärgerten sie durch Unordnung und Unsauberkeit, sie beachteten sie nicht, wenn sie um etwas bat. Aber das Weinen der alten Frau, die Vorhaltungen des Großvaters besserten das Benehmen der Enkel nicht, verstockt gerieten sie in eine trotzige Verhärtung eines «nun erst recht», obgleich sie im Grunde mit sich selbst uneins waren, entsetzt über die eigene Undankbarkeit, denn die Lebensnotwendigkeit ihrer Aggressionen blieb ihnen verborgen.

Dass die Verwöhnung negative Folgen hat, ist umso eher der Fall, je länger und maßloser der verwöhnende Einfluss andauert. Großeltern, die nur gelegentlich Kontakt zu den Enkeln haben, können es sich eher erlauben, dem Drang zum Verwöhnen einmal die Zügel schießen zu lassen.

Alleinerziehende Großeltern hingegen sollten diese Hauptgefahr täglich im Bewusstsein haben. Ist ein Großvater vorhanden, so kann man ihn bitten, seiner Frau mitzuhelfen, nicht unversehens in einen verwöhnenden Erziehungsstil hineinzurutschen. Großväter haben oft sehr viel mehr Sinn dafür, wo die Verschwendung und das Übermaß beginnen, besonders wenn sie die Finanzminister der Familie sind.

Großmütter sollten bei entsprechenden Hinweisen ihrer Angehörigen, ihres Ehemannes, ihrer Tochter oder ihres Schwiegersohnes nicht die Beleidigten spielen, sondern wenn sie in dieser Gefahr stehen, die Familienangehörigen bitten, sie zur Ordnung zu rufen, wenn der Verwöhnungstrieb wieder im Begriff ist, sich an den Enkeln auszutoben.

W – Weise sein

Bei Menschen im Großelternalter färbt sich das Haar weiß. Weiß ist auch die Farbe des Schnees. Im Märchen schüttelt die Marie im Dienst der Frau Holle die Betten und es schneit auf der Erde. Die Erde, im abgeblühten, im abgeernteten Zustand, die unschön wird, die in der Winterpause einem neuen Frühling entgegenruht, wird mit einer aus den Wolken, also von oben kommenden Schönheit verziert: mit einer Schneedecke, die die Härten entlaubter Konturen überdeckt, einhüllt und dadurch hell und besonders macht. In diesem Bild ist der zentrale großelterliche Auftrag enthalten: eine Altersweisheit zu leben, die so weiß ist wie der Schnee. Weisheit glättet wie er, Weisheit ist sanft und einhüllend.

Den modernen Großeltern wird ein gerüttelt Maß an Weisheit abgefordert; denn die Gegensätze zwischen Jung und Alt, einer aufmüpfig gemachten, emanzipierten Enkelgeneration, sowie auch die so unterschiedlich gewordenen Erziehungsstile der Großelterngeneration und der jetzigen Elterngeneration schaffen in der Tat harte Gegensätze mit täglich neuem Konfliktstoff, der die ausgleichende Schneedecke, sprich eine von oben geschenkte Souveränität der Großeltern, nur allzu nötig macht.

Einige Beispiele: Eine Witwe hat ihren einzigen Enkel großgezogen, während die Mutter des unehelich geborenen Knaben in einer fernen Stadt in einer Ehe ohne Trauschein lebt. Im Alter von 14 Jahren bringt er aus dem Gymnasium ein Flugblatt mit, das ihm die entscheidende Erleuchtung zu enthalten scheint: Dort lässt sich lesen: «Willst Du etwa so dumm sein und zum ausgenutzten Esel dieser Leistungsgesellschaft werden? Willst Du Dich ausbeuten lassen im Acht-Stundentag? Sag: Nein danke! Machst Du noch Schularbeiten, passt Du Dich Deinen Ausbeutern noch an? Sag: Nein, danke!»

Der Enkel findet das begreiflicherweise imponierend. Wer macht schon gerne Schularbeiten? Er legt die Beine auf den Tisch und sagt:

«Nein, danke! Die Arbeitswelt des Westens ist ein Produkt des Kapitalismus», doziert er seiner Großmutter. «Das wahre Leben besteht aus Meditation.» Er geht schön spät zur Schule, er kommt früher heim, als der Stundenplan vorschreibt. Eines Tages geht er gar nicht mehr hin.

Als er mittags zum Frühstück in Großmutters Küche erscheint, präsentiert die ihm einen Entschuldigungsbrief, den sie bereits an die Schule abgesandt hat. Er hat folgenden Wortlaut: «Mein Enkel ist seelisch indisponiert und muss deshalb in den nächsten beiden Wochen der Schule fernbleiben. Hochachtungsvoll – Aline Müller.»

Der Enkel ist bass erstaunt. Großmutter schält ungerührt die Kartoffeln. «Ja», sagt sie, «ich habe mich mit Dr. Scholz beraten; er hält es für nötig, dass Du Dich einmal ganz auf Dich selbst besinnst. Meditation ist in der Tat das moderne Konzept gegen Ausbeutung. Du sollst Dich ganz in Dein Zimmer zurückziehen. Stille ist das Ziel. Ich habe bereits alle Lärmmaschinen entfernen müssen. Er sagt: ‹Geschlossene Vorhänge, gedämpftes Licht, leichte Kost, Stille.›» Der Enkel fügt sich verblüfft, hält drei Tage durch. Großmutter kredenzt schweigend Joghurt und Kressesalat. Der Knabe ruht. Am vierten Tag kommt er in die Küche. «Fühl' mich beschissen», sagt er. Großmutter rührt unbeeindruckt in einem Suppentopf. «Die Wirkung tritt frühestens nach zehn Tagen ein», referiert sie ihr angeblich von Dr. Scholz vermitteltes Rezept. Der Knabe ruht weiter bei Joghurt und Kressesalat. Am siebten Tag: «Du, Großmutter, ich halte das nicht mehr aus. Ich gehe morgen doch besser zur Schule.»

«Richtig», kontert die und setzt sich zu ihrem Enkel auf die Küchenbank, «ich habe Dir auch bloß beweisen wollen, dass Deine Flugblattverteiler nichts, aber auch gar nichts Gutes mit Euch im Sinn haben. Sie wollen Euch für ihre Zwecke missbrauchen. Schau, ich bin weder Kapitalist noch je ein Nazi gewesen. Ich habe in meinem Leben, das hart war, immer nur einen Schritt vor den anderen gesetzt und arbeitend die Aufgaben angepackt, die vor meiner Tür lagen. Ich kann Dir sagen: Das ist die einzige Gewähr dafür, dass Du bei Laune bleibst. Die Arbeit hat nicht der Kapitalismus erfunden, sie ist eine sinnvolle Notwendigkeit. Ohne Arbeit ist der Mensch kaum glücklich zu machen. Das habe ich Dir einfach 'mal mit diesem Experiment beweisen wollen. – So, und nun lauf, sonst kommst Du zu spät!»

Diese Geschichte erzählte mir lachend ein heute Vierundzwanzigjähriger nach seinem erfolgreichen Examensabschluss. «Stellen Sie sich bloß vor», sagt er, «ich hätte damals vor neun Jahren nicht eine so weise Großmutter gehabt!»

Ein zweites Beispiel: Ein Großelternpaar hat sich entschlossen, drei Enkel im Schulalter in den Ferien zu sich zu holen: Sie treffen bei ihren Kindern ein. Sohn und Schwiegertochter sind leidenschaftliche Anhänger des antiautoritären Erziehungsstils. Es gibt keine festen Tageszeiten für die Mahlzeiten, und auch nur auf Wunsch Gemeinsamkeiten dabei. Im Allgemeinen futtert jeder nach Lust und Laune aus dem voluminösen Eisschrank in der Küche, der portiönchenweise Fertigkost enthält. Die Großeltern geben sich belustigt. Großvater kaut mühsam an einem Topf mit Frischkäse und Marmeladenzulage, Großmutter verzehrt genüsslich eine Banane.

Aufbruch. Die Taschen der Kinder werden verstaut. «Wo ist mein Rucksack?» fragt der sechsjährige Sven nach einigen Kilometern. «Im Kofferraum», antwortet der Großvater. «Aber dann kann ich ja gar nicht an meine Schokolade», mault der Enkel. «Nach dem Essen daheim», entgegnet der Großvater freundlich. Die Enkel sind bass erstaunt, als sie bei den Großeltern keinen ihnen frei verfügbaren Eisschrank vorfinden. «Wir brauchen ihn jetzt in den Osterferien nicht», entgegnet die Großmutter, «unser Keller ist sehr kühl. Ich mache Euch nachher ein schönes Abendessen.»

Abends gibt es einen Eierreisauflauf. Die Kinder haben dergleichen noch nie gesehen. «Davon müssen alle essen?», fragt Sven erstaunt, «ich esse abends zur Zeit immer Würstchen».

«Die haben wir leider nicht», entgegnet der Großvater freundlich.

«Ich probier' erst mal», reagiert Jan, der Ältere.

Sven bleibt im Boykott und während sich seine Geschwister das Essen munden lassen und dabei lustige Gespräche führen, schlägt Sven den Löffel rhythmisch auf den Tisch. Niemand nimmt davon Notiz.

«Ich habe Hunger», sagt er, als Großmutter abräumt. «Das ist gut», antwortet der Großvater statt ihrer, «Hunger ist der beste Koch, was meinst Du, wie gut Dir Großmutters Essen morgen schmecken wird. Heute kannst Du noch etwas Mineralwasser trinken.»

Nach 14 Tagen kehren die Enkel nach Hause zurück.

«Das Essen war bei Großmutter prima», berichtet Mareile. «Ja», sagt Sven, «Mama, bitte lass uns doch auch so zusammen essen wie bei Omi und Opa. Das macht Laune.»

«Jaaa», brüllen alle drei Kinder. Der Vater schließt sich ihnen an. «Gelebte Demokratie», doziert er seiner Frau, «heißt, sich der Mehrheit zu beugen.» «Gut», seufzt die, «ich will's versuchen; ab morgen gibt's drei feste Mahlzeiten.»

Zwei weise Augenpaare lächeln sich unmerklich zu. Die erste Bresche zur Entideologisierung, hinein in eine selbstverständliche, gemeinschaftsfördernde Ordnung ist geschlagen.

Gegensätze in den Erziehungsstilen und Verhaltensweisen sind nicht durch anklagende Vorwürfe zu verändern, sondern allenfalls mit Weisheit und Geschick. Dazu gehört immer auch ein wenig Bereitschaft zur Rückschau auf das eigene Mitlaufen in Modetrends, auf die eigene jugendliche Rechthaberei in der Vorstellung, mit der neuen Gepflogenheit das Ei des Kolumbus entdeckt zu haben. Es gehört dazu die Erfahrung, dass Ideologien und Modetorheiten kurze Beine haben, wenn sie auf einer Lebenslüge gründen oder letztlich schädlich sind; denn eine solche Lebenserfahrung bildet die Voraussetzung zur weise lächelnden Gelassenheit ohne Überheblichkeit.

Freilich: Weisheit ist nicht einfach gleichbedeutend mit großelterlicher Untätigkeit, wie die beiden Beispiele veranschaulichen. Das überzeugende Gegenbeispiel gegen eine sich einschleifende Verwilderung einzusetzen, ist deshalb gewiss auch der erste Akt eines klugen Vorbeugens zur rechten Zeit. Aber es gelingt wesentlich besser, wenn man dabei der ideologisierten Schwiegertochter, dem einseitig aufgeklärten Enkel nicht fortgesetzt in direktem Angriff auf die ohnehin allergisierten Hühneraugen tritt, sondern den Feind mit Phantasie und List zu schlagen sucht.

Zum Wesen weiser Großeltern gehört nicht nur das Verstehen jugendlicher Unbedachtheiten, es gehört auch die vorurteilslose Lebendigkeit dazu, Neuheiten nicht von vornherein abzulehnen, weil man sie nicht kennt, sondern sie zunächst horchend zu beobachten.

Es gibt ungezählte Neuerungen, die gegenüber früheren Gepflogenheiten echter Fortschritt sind, so z. B. die Gemeinsamkeit von Mutter und Kind im Wochenbett, das Aufgeben der Dressur zur Stubenreinheit im ersten Lebensjahr, die Erziehung der Kinder zum Basteln und Musizieren, die Gemeinschaft von Eltern und Kindern im Schulalter bei Veranstaltungen und Gottesdiensten.

Weise Großeltern empfinden sich nicht immer nur als die, die belehren können, sondern die bereit sind, bis an ihr Lebensende zu lernen und die Neuheiten auf ihren konstruktiven Wert hin abzuklopfen. Großeltern haben dann viele Chancen, gern gesehene Gäste im Haus von Kindern und Enkeln zu sein.

Z – Zart sein

Großelterliche Zartheit hat Weisheit zur Voraussetzung, sonst gelingt sie nicht. So wie der alte Mensch schließlich kein guter Futterverwerter mehr bleibt und die Dürrheit seiner Knochen, die Spitzigkeit seiner Ellenbogen das Abnehmen der Kraft verdeutlichen, so besteht die Gefahr, im Alter aus Schwäche starr und hart zu werden.

Es gibt einen erschreckenden Altersegoismus, bei dem der Lebenskreis sich auf die Primitivitäten alltäglicher Vollzüge mindert. Sicher ist es unendlich schwer, ihm nicht zu verfallen und schließlich sogar mit Hass und Wut auf die Jüngeren zu blicken, die im Vollbesitz ihrer Kräfte stehen. Tiefe Gläubigkeit kann vor lebensvergiftendem Altersneid bewahren, eine Weisheit, die die Möglichkeit zum liebevollen Umgang mit den Nachkommen als ein Geschenk auffasst und dankbar weitergibt.

Diese Zartheit von Großeltern ist einer segnenden Berührung ähnlich. Sie ist eher distanzierte Nähe, leichtes Umlegen des Armes, warmes Bedecken der kleinen Hand durch die große Hand, ist Kusshauch auf die Stirn, ist Streicheln über den Kopf, ist Ruhen der großelterlichen Hände auf dem Scheitel des Enkels. In der Zartheit solcher Gebärden ist die Liebe vermischt mit gläubiger Spendekraft, mit übermittelter Hoffnung auf himmlischen Schutz.

Echte Gesten dieser Art sind der Ausdruck einer erbeteten Haltung sinnerfüllter Zufriedenheit, ja, sie können zur Vermittlung letztgültiger Wahrheit werden, in dem Sinn, wie Selma Lagerlöf das von ihrer Christuslegenden erzählenden Großmutter berichtet hat:

«Und dann legte Großmutter ihre Hand auf meinen Kopf und sagte: ‹Dies sollst Du Dir merken, denn es ist so wahr, wie dass ich Dich sehe und Du mich siehst: Nicht auf Lichter und Lampen kommt es an, und es liegt nicht an Mond und Sonne, sondern was not tut, ist, dass wir Augen haben, die Herrlichkeit Gottes sehen zu können.›»[9]

Anmerkungen

[1] Fuchs, A., Gaspari, C., Millendorfer

[2] Mead, M.: Brombeerblüten im Winter, Hamburg 1980

[3] a. a. O., S. 13

[4] Claudius, Matthias: Gedichte und Prosa. Hrsg. v. H. L. Geiger, Berlin 1949, S. 54

[5] Merz, F.: Geschlechterunterschiede u. ihre Entwicklung, Göttingen 1979, S. 161

[6] Lagerlöf, Selma: Christuslegenden, München 1948

[7] Jeliffe, D. B. and Jeliffe, E. F. P.: Human milk in the modern world, Oxford 1978

[8] Ehler, M.: Ich will mein Kind stillen. Wuppertal 1976;
Lothrop, Hanny: Das Stillbuch, Stuttgart 1980

[9] Lagerlöf, Selma: Christuslegenden, München 1948, S. 11

BÜCHER VON CHRISTA MEVES

Problemkinder brauchen Hilfe

11. Aufl., 186 Seiten, Pb.

Schwierigkeiten gibt es in jeder Erziehung. Kinder leiden manchmal unter körperlichen Störungen, entwickeln abnorme Gewohnheiten, können sich nicht mehr konzentrieren, oder fallen durch ihr Verhalten auf. Solchen Elternsorgen begegnet Christa Meves schnell und wirksam, indem sie mit den Eltern über die Ursachen der Störungen spricht und zeigt, wie man das Kind jetzt durch richtiges pädagogisches Verhalten heilen kann. Aus dieser langjährigen Erfahrung hat die Kinder- und Jugendlichenpsychotherapeutin das vorliegende Buch geschrieben. Es erhebt nicht den Anspruch, alle möglichen Erziehungsprobleme erschöpfend zu behandeln, sondern es wählt aus nach Dringlichkeit und Aktualität. Die Beiträge sind von A-Z geordnet, so dass man in schwierigen Situationen rasch Antwort findet.

CHRISTIANA-VERLAG • 88353 Kisslegg-Immenried

Neue Beweise gegen einen veralteten Zeitgeist

123 Seiten, 1 Foto, Pb., € 5.-

45 Jahre haben gereicht, die Folgen der revolutionären Veränderung zu einer extrem sozialliberalen Gesellschaft so sichtbar zu machen, dass ihre vielen negativen Erscheinungen erschreckend deutlich werden. In der Bevölkerung entsteht inzwischen Unruhe, zumal viele neue Forschungsergebnisse in neurobiologischen Bereichen ebenso wie in der Hormon- und Hirnwissenschaft neue Beweise gegen die im Mainstream herrschende Ideologie publizieren.
Die Widersprüche zwischen den kollektivistischen Wunschträumen sowie denen nach absoluter Freiheit werden immer größer und liefern den Nachweis des illusionären Charakters der zur Zeit gesellschaftlich vorherrschenden Vorstellungen im Trend von Medien und Regierung.
Diese kleine Schrift begleitet diese Vorgänge mit den jeweils aktuellen Neuerungen und den sich daraus ergebenden handfesten Argumenten für die Aktivierung eines konstruktiven christlichen Zeitgeistes.

CHRISTIANA-VERLAG • 88353 Kisslegg-Immenried

Ich will leben

Mails an Corinna

26. Aufl., 64 Seiten, 1 Foto, 6 Abb., br., € 3.-

"Wie ist das mit dem Freund? Wie weit kann ich gehen? Was ist richtig?", fragen junge Mädchen.
Sie entdecken ihre Gefühle, schwanken zwischen modischer Anpassung, Zurückhaltung und eigener Selbstfindung, sind unsicher in der Partnerwahl.
Ohne Umschweife kommt Christa Meves hier zur Sache und vermittelt eine innere Haltung, die Ausstrahlung bis in die junge Paarbeziehung hat, besonders im Blick auf voreheliches Intimverhalten. Speziell für junge Mädchen schreibt die bekannte Psychotherapeutin in aller heute gebotenen Offenheit.
Eine wertvolle, orientierende Lektüre für 12- bis 20-Jährige zum Thema Liebe uns Sexualität aus christlicher Sicht.